Quick Ref

Quick Reference Chinese

A Practical Guide to Mandarin
for Beginners and Travelers in
English, Pinyin Romanization
and Chinese Characters

Richard L. Kimball, Ph.D.

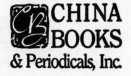

CHINA
BOOKS
& Periodicals, Inc.

Copyright © 1988 by China Books

ISBN 0–8351–2036–8

Printed in the United States of America by

**CHINA
BOOKS
& Periodicals, Inc.**

Contents

Acknowledgments

I want to express my deepest "thanks" to those individuals who have so freely helped me to learn Chinese, thus allowing me to help others with this fascinating language. Isabella Yang was my first teacher and Chinese friend. Lu Pei–Wu and Lu Dan–Jun became my mentors in China. Lisa Li and Harold Lemke helped me with this new grammar and the expansion into over 2,000 words. The superb competence and patience of Sun Lijie guided the manuscript through its final editing and production. Finally, let me say "xièxiě" to the numerous other Chinese people who have given me the chance to develop an understanding of both Mandarin and their Chinese culture.

Introduction

Mandarin is the most widely spoken dialect of the Chinese language, the mother tongue of one quarter of the world's peoples.

Quick Reference Chinese, a complete revision and expansion of my earlier "China Beginner's/ Traveler's Dictionary," now includes more useful words and phrases plus a wholly new survival grammar designed for tourists, businessmen, government officials, teachers, and serious students traveling and working in the People's Republic of China, Taiwan, Hongkong, Singapore, or wherever Mandarin is spoken.

The *pinyin* form of romanizing Mandarin is used here because it has superceded the older Wade–Giles system in mainland China and offers a spelling system that is easier for Westerners to recognize. We also use the simplified writing of the characters that has been in use in China for the past thirty years.

The 2000 vocabulary items, the phrases, and the survival grammar have been carefully selected and tested for their usefulness in everyday conversation and communication.

The Chinese written characters are the same for literate Chinese of all dialects and are the key to China's rich cultural legacy. An unabridged Chinese dictionary may contain 60,000 different characters, but a thorough knowledge of some 3,000 is sufficient to read most popular newspapers and magazines. Even if you mainly want to learn to speak Chinese, a rudimentary acquaintance with even a few of the written characters will make your stay with the Chinese people easier—and more fun!

The Chinese are proud of their language and love to help others learn it. Don't hesitate to ask friends or tour guides, waiters, or hotel clerks how to pronounce or write new words. At the same time don't worry about making mistakes or your foreign accent. The Chinese are very understanding and quick to encourage communication at nearly any level.

The following guides to pronunciation and grammar are meant to offer you a simple overview of the structure of basic Chinese. They are not however a substitute for one–on–one talking with a native speaker.

Pronunciation Guide

The official *pinyin* system of romanization offers a reasonable approximation of the Chinese phonetics. The following guide should help clarify some peculiarities of *pinyin*, but you should ask a Chinese friend to check your actual pronunciation.

Initials

q = *ch*eer

x = *s*ee

z = rea*ds*

c = tha*t's*

zh = *l*arge

r = *l*eisure

ia = *yah*

ian = *yen*

u = r*u*de

ü = German ü

ai = *eye*

ao = n*ow*

eng = s*u*ng

ou = thr*ow*

Finals

iang = *ee* + *young*

o = s*aw*

e = French l*e*

i (after z,c,s) = s*i*t

i (after zh,ch,sh,r)
    = "*brrr*"

i (elsewhere) = mach*i*ne

uai = *wi*fe

ui = *way*

uan = *oo* + *ahn*

yan = *yen*

Other letters and groups of letters have approximately the same sound as in English.

Mandarin has four "tones" that act to change the meaning of words that otherwise sound the same. For example, the single sound "ma" may mean mother, sesame, horse, or to curse, depending on the tone in which it is pronounced. In specific contexts that will be noted below the original tone of the character is not fully pronounced, but becomes "neutral". Practice with a native speaker is essential to learning the tones as an integral part of the pronunciation of any word.

Tones

first (‾) high, flat   mā mom
second (´) rising   má sesame; hemp
third (ˇ) fall then rise   mǎ horse
fourth (ˋ) abrupt falling   mà curse
neutral (˙) low flat   må question particle

Note: the tones of some words may change in certain contexts. E.g., bù (no, not) becomes bú before a fourth tone, as in búduì (not true) or búcuò (not bad). Also, when two third tones come together, the first tends to sound like a second tone; hěnhǎo is pronounced more like hénhǎo.

Survival Grammar

Chinese grammar is quite simple. There is no conjugation of verbs, nor declention of nouns, nor agreement of adjectives or adverbs. Tense and mood are inferred from context with the aid of a few adverbial particles that indicate time or sequence. There are no articles ('a' and 'the'). Word order is important but often flexible.

Let's try building some simple sentence patterns. The usual word order is the same as in English: subject–verb–object.

1. First, the basic pronouns.

I/me – wǒ	we/us – wǒmén
you – nǐ	you (pl.) – nǐmén
he/him, she/her, it – tā	they/them – tāmén

2. Some simple sentences and ways to indicate tense.

Simple Present:

Wǒ zuò fàn.	I do the cooking.
Wǒ shì Měiguórén.	I am an American.
Tāmén zuò yīfú.	They make clothes.
Tāmén shuō Yīngwén.	They speak English.

Past:

Tā zuò lě.	He/she did it.
Tā qù shìchǎng lě.	He/she went to the market.
Wǒmén zuò dě.	We made it (did it).
Wǒmén zuò dě yīfú.	The clothes we made.

Future:

Nǐ yào zǒu.	You will (should) go.
Nǐ yào lái Zhōngguó.	You will come to China.
Tāmén jiānglái yào zǒu.	They will go.
Tāmén jiānglái yào qù Měiguó.	They will go to the U.S.

Present Continuous:

Tā zài zuò zhě.	He/she is doing it.
Wǒmén zhèng zài tán zhě.	We are talking (about it) right now.
Tā hái zài zuò.	He/she is still doing it.
Tā hái zài tīng.	He/she is still listening.

Past Perfect:

Nǐmén zuò guò lě.	You (plural) have done it.
Nǐmén chī guò fàn lě.	You have eaten.

Near Future:

Tā xiànzài yào zuò.	He will do it now.
Tā xiànzài yào qù.	She will go now.
Wǒmén jiāng yào zuò.	We are about to do it.
Wǒmén jiāng yào lái.	We are about to come.

Conditional:

(Rúguǒ) tā zuò dě huà, wǒ yào kàn.	If she does it, I will (want to) see it.
Tā lái dě huà, wǒ jiù yào qù.	If he comes, I will go.

Subjunctive:

Rúguǒ wǒ shíjiān duō yīdiǎn(r), wǒ jiù zuò le.	If I had had more time, I would have done it.
Rúguǒ wǒ qián duō yīdiǎn(r) de huà, wǒ qùnián jiù huì qù Zhōngguó le.	If I had had more money, I would have gone to China last year.

This set of linguistic structures is, of course, not exhaustive. But using just these few patterns you can say a great deal.

Note: There are two other general words which imply "doing"—*gàn* and *huì*. The use of *gàn* is very blunt or authoritarian as in, "Nǐ gàn shénme?"—What are you doing? *Huì* and *néng* suggest the ability to do. "Tā huì le—He/she can (knows how to) do it. Nǐmen néng bù néng?—Can you do it (are you able to do it)?

3. Measure words imply the quantity or type of things being counted. English sometimes uses measure words as in "one *quart* of milk," "three *pieces* of candy," or "a few *sheets* of paper," but their use is much more general in Chinese. The most common measure word is *gè*, which can be used almost anytime. To speak really colloquial Chinese, however, you should try to learn the appropriate measure word for each category of objects. The pattern is, number—measure—noun.

Examples:

Gei wǒ yī gè píxiāng.	Give me a suitcase.

Wǒ yào maǐ liǎng *běn* shū.	I want to buy two books.
Tā yoǔ jǐ *zhāng* zhǐ.	He has a few sheets of paper.
Yī *zhī* bǐ doūméiyoǔ.	I haven't even a single pen.
Tā gěi lě wǒ sì *bāo* mǐ.	He gave me four bags of rice.
Tā chī lě wǔ *kuài* táng.	He ate five pieces of candy.
Yī *fēng* xìn yě méi lái.	Not even a single letter came.
Zhèi *kē* shù hěn gāo.	This tree is very tall.
Tā hē lě qī *píng* píjiǔ	She drank seven bottles of beer.
Yào hē yī *bēi* kāfēi.	I want a cup of coffee to drink.
Nèi *tào* jiājǔ bú cuò.	That set of furniture's not bad!
Nàmě hǎodě yī *duì* ěrhuán!	Such a nice pair of earrings!

4. Here are some sentences that use adjectives as stative verbs.

Nǐ hǎo.	Hi, how are you?
Yèzi hóng lě.	The leaves have turned red.
Nǐ ně?	How about you?
Zhèi gě xiǎo háizi hěn piàoliǎng.	This child is really beautiful.
Shān hěn gāo	The mountain is very high.
Tā zài Xī'ān	He is in Xian.

5. To make a verb or idea negative, use the particles *bù* and *méi*, and also *bié* (don't!).

Tāmén bú yào.	They don't want it.
Wǒ bú qù Běijīng.	I'm not going to Beijing.
Wǒ méi qù Běijīng.	I didn't go to Beijing.
Wǒ méi qù guò Běijīng.	I've never been to Beijing.
Wǒmén méi yǒu qián.	We don't have (any) money.
Méi yǒu rén zài.	There's no one here.

Nǐ bié chǎo.   Be quiet!
Nǐmẻn bié chī.   Don't eat (it)!

6. Questions are created in three ways.

First, the particle *mǎ* can be appended to a declarative sentence.

Nǐ shì Yīngguórén mǎ?   Are you British?

Second, the verb and its negative can be placed together.

Wǒmẻn qù bú qù Hángzhōu?   Are we going to
                                    Hangzhou (or not)?

Third, special question words are used for who, which, what, where, how, why, when, how much.

Nǐ shì *shéi*?   Who are you?
Něi gẻ guì?   Which is (more) expensive?
Zhè shì *shénmẻ*?   What is this?
Tā qù nǎr?   Where is he going?
Tāmẻn zěnmẻ lái dẻ?   How did they get here?
Wèi shénmẻ nǐmẻn xūyào qián?   Why do you need money?
Wǒmẻn *shénmẻ shíhòu* yào qù?   When are we going?
Zhèi běn shū duōshǎo qián?   How much is this book?

7. Possessives.

Add the particle *dẻ* after a noun or pronoun to make the possessive.

Wǒ *dẻ* dōngxī gòu lẻ.   I have enough things.
Zhè shì Běijīng *dẻ* yàngzi.   This is the Beijing style.

---

8. Conjunctions/connectives.

Wǒ yào qù Shànghǎi *hé* Wúxī	I'll go to Shanghai and Wuxi.
Nǐ *gēn* wǒ yīqǐ qù.	You and I'll go together.
Wǒmen dàile yīxiē yīfú *dànshì* bú gòu.	We took some clothes, but not enough.
Guìlín hěn piàoliàng *kěshì* tiānqì tài rè.	Guilin is very beautiful but the weather is too hot.
Nǐ xǐhuān zhūròu *háishì* níuròu?	Do you like pork or beef?

9. Comparisons.

To compare things use the particle *bǐ*.

Zhè liàng qìchē bǐ nèi liàng hǎo.	This car is better than that one.

10. Relative/superlative.

Use *gèng* to compare two things, *zuì* to compare three or more.

Zhèi zhǒng shuǐguǒ gèng hǎo.	This kind of fruit is better.
Něige fàndiàn zuì piányi?	Which hotel is the cheapest?

11. Adjective and adverb modifiers.

Zhè shì hóngsè de yǐzi	This is a red chair.
Tā yǒu shíhòu gōngzuò.	She sometimes works.
Nǐ de yīfú nàme hǎo!	Your clothes are great!
Tā gōngzuò de hěn hǎo.	He does good work.
Tāmen de qián tài duō.	They have too much money.
Zhèlǐde fēngjǐng fēicháng měilì.	The scenery here is especially beautiful.

12. Approximates/conditionals.

Zhè běn shū *chàbǔduō* sān kuài qián.	This book is about three dollars.
Zhè běn shū sān kuài qián *zuǒyòu*.	This book is around three dollars.
Yǒu dě shíhòu wǒ xǐhuān kàn shū.	*Sometimes* I like to read a book.
Yěxǔ wǒ yào kàn shū.	*Maybe* I'll read a book.
Tā *kěyǐ* mǎi cài.	He *can* buy vegetables.
Tā *yīnggāi* mǎi cài.	She *should* buy vegetables.
Tā *yídìng* yào mǎi cài.	He'll *definitely* buy the food.

13. Yes/no.

Use *shì* or *duì* for yes (correct), and the negative *bù* or *búduì* for no.

Nǐdě fángzi dà mǎ? Duì lě, dà.	Is your room big? Yes, it is.
Tāměn xǐhuān chī miànbāo, shì bú shì? Shì dě.	They like to eat bread, don't they? Yes, they do.

14. Passive voice.

Wǒ dě shū bèi tā jièqù lě.	He borrowed my book.

15. Other useful patterns.

Tā pǎo dě kuài.	He runs fast.
Nǐ gàn shénmě?	What are you doing? (curt)
Nèi jiàn shì nòng hǎo lě.	It's done!
Wǒ xiǎng huàn qián.	I want to change money.

Xiànzài kěyǐ chōu yān.	Now (you) can smoke.
Wǒmén yìqǐ qù bå!	Let's go together!
Tā bìxū zuò.	She must do it.
Wǒ yào qù.	I want to go.
Wǒ xūyào qù.	I have to go.
Wǒ xiǎng qù.	I feel like going.

16. Terms of address.

You should pay special attention to learning how to properly address the people you talk with in China. The accepted terms for "Mr.", "Mrs.", "waiter", etc., have been changing in recent years. It is always best to a friend or guide how you should address the people you meet.

Dictionary

A

a, an: yī, yígè   一，一个

abdomen: dùzi   肚子

abdominal pain: dùzi téng   肚子疼

able: néng   能

about, almost, nearly:
   chàbùduō   差不多

about, regarding: guānyú   关于

above: zài...shàngmiàn   在···上面

abroad: guówài   国外

absent: quēxí   缺席

accident: yìwài, shìgù   意外，事故

accompany: péitóng   陪同

account (n.): zhànghù   帐户

accurate: zhǔnquè   准确

achieve, achievement:
   chéngjiù   成就

acrobats: zájì   杂技

action: xíngdòng   行动

actor/actress: yǎnyuán   演员

acupuncture: zhēnjiǔ   针灸

adaptor (plug): duōyòng
   chāxiāo   多用插销

add: jiā, zēng jiā   加，增加

address: dìzhǐ   地址

adult: dàrén   大人

advance: xiānjìn   先进

advanced: xiānjìndě   先进的

advantage: lìyì   利益

adventure: tànxiǎn   探险

advertisement: guǎnggào   广告

advice: zhōnggào   忠告

affair, event: shìqing   事情

affect: yǐngxiǎng 影响
Africa: Fēizhōu 非洲
after: yǐhòu 以后
afternoon: xiàwǔ 下午
afterwards: hòulái 后来
again: yòu, zài 又，再
age: suì, niánjì 岁，年纪
agent: dàilǐrén 代理人
ago: yǐqián 以前
agree: tóngyì 同意
agreement: hétóng 合同
agriculture: nóngyè 农业
air letter, air mail:
　　hángkōng yóujiàn 航空邮件
air conditioner: lěngqìjī 冷气机
air: kōngqì 空气
airplane: fēijī 飞机
airport: fēijīchǎng 飞机场
alcohol: jiǔjīng 酒精
alike: yíyàng 一样
all: suǒyǒu, yíqiè 所有，一切
all, both: dōu 都
allergy: guòmǐn 过敏
allow: yǔnxǔ 允许
alone: dāndú 单独
alphabet: zìmǔ 字母
already: yǐjīng 已经
also: yòu, yě 又，也
although, but: dànshì 但是
although, though: suīrán 虽然
altogether: yígòng 一共
always: zǒngshì 总是
am: shì 是
amaze, surprise: jīngqí 惊奇

ambassador: dàshǐ 大使
ambulance: jiùhùchē 救护车
American: Měiguórén 美国人
analyze: fēnxī 分析
and, with: gēn, hé 跟，和
angry: shēngqì 生气
animal (domesticated): jiā 家畜
  chù
animal: dòngwù 动物
ankle: jiǎowànzi 脚腕子
announce: xuāngào 宣告
annual: měiniándè 每年的
another: biédè 别的
answer, reply: huídá 回答
Antarctica: Nánjízhōu 南极洲
anthropology: rénlèixué 人类学
antibiotic: kàngshēngsù 抗生素
antique: gǔwán 古玩
anxious: zhāojí 着急
anytime: rènhé shíjiān 任何时间
any: rènhé 任何
anyway: bùguǎn 不管
apartment: gōngyù 公寓
apologize: dàoqiàn 道歉
apple: píngguǒ 苹果
appliance: qìjù 器具
application, apply for:
  shēnqǐng 申请
appointment: yuēhuì 约会
approve: pīzhǔn 批准
approximately: zuǒyòu 左右
April: Sìyuè 四月
archeologist: kǎogǔxuéjiā 考古学家
archeology: kǎogǔxué 考古学

area: miànjī　　　　　　面积
arm: gēbó, shǒubì　　　　胳膊，手臂
army: jūnduì　　　　　　军队
arrangement: ānpái　　　　安排
arrive: dàodá, láidào　　　到达，来到
art: yìshù　　　　　　　艺术
artifact: wénwù　　　　　文物
artist: yìshùjiā, wényìjiā　艺术家，文艺家
arts/crafts: gōngyìměishù　工艺美术
ash tray: yānhuīgāng　　　烟灰缸
Asia: Yàzhōu　　　　　　亚洲
ask: wèn　　　　　　　　问
aspirin: āsīpīlín　　　　　阿司匹林
assistant: zhùshǒu　　　　助手
at: zài　　　　　　　　在
athletic field:
　　yùndòngchǎng　　　　运动场
Atlantic Ocean: Dàxīyáng　大西洋
attend: chūxí　　　　　　出席
attendant, waiter:
.　fúwùyuán　　　　　　服务员
attitude: tàidù　　　　　态度
audience: tīngzhòng　　　听众
auditorium: lǐtáng　　　　礼堂
aunt (related): yímā, gūmā　姨妈，姑妈
aunty (unrelated, old):
　　dàmā　　　　　　　大妈
aunty (unrelated, young):
　　āyí　　　　　　　　阿姨
author: zuòjiā　　　　　作家
avoid: bìmiǎn　　　　　避免
awful: hěnhuài　　　　　很坏
awhile: yīhuìr　　　　　一会儿

B

baby: yīng'ér 婴儿

backpack: bēibāo 背包

back, behind: hòubiānr, hòutóu 后边，后头

bag (leather): píbāo 皮包

bag: bāo 包

baggage, luggage: xíngli 行李

baggage check: xíngli tuō yùndān 行李托运单

bake, roast (v.): kǎo 烤

ball: qiú 球

ballet: bāléiwǔ 芭蕾舞

balloon: qìqiú 气球

ballpoint pen: yuánzhūbǐ 圆珠笔

bamboo shoot: sǔn 笋

bamboo: zhú 竹

banana: xiāngjiāo 香蕉

bandage (n.): bēngdài 绷带

bandage (v.): bāozā 包扎

bank: yínháng 银行

banquet: yànhuì 宴会

barber shop: lǐfàguǎn 理发馆

bargain (n.): hǎochéngjiāo 好成交

bargain (v.): yìjià 议价

basketball: lánqiú 篮球

bathroom: xǐzǎojiān 洗澡间

bathroom: yùshì 浴室

bay: hǎiwān 海湾

be (is): shì 是

bean sprout: dòuyá 豆芽

bean (stringbean): biǎndòu 扁豆

bean curd: dòufǔ 豆腐

bean: dòu 豆

bear: xióng 熊

beard, mustache: húzi 胡子

beautiful: měilì, piàoliàng 美丽，漂亮

beauty shop: lǐfà diàn 理发店

because: yīnwéi 因为

bed: chuáng 床

bedroom: wòshì 卧室

beef: niúròu 牛肉

beer: píjiǔ 啤酒

before: zài...yǐqián 在…以前

begin, start: kāishǐ 开始

begin class: shàngkè 上课

behavior: xíngwéi 行为

believe: xiāngxìn 相信

bell: líng 铃

belong: shǔyú 属于

below: xiàmiàn 下面

belt (leather): dàizi, pídài 带子，皮带

beside: pángbiān 旁边

best: zuìhǎo 最好

better: bǐjiàohǎo, gènghǎo 比较好，更好

between: zài...zhījiān 在…之间

bicycle: zìxíngchē 自行车

bill: zhàngdān 帐单

biology: shēngwùxué 生物学

bird: niǎo 鸟

birth: chūshēng 出生

birthday: shēngrì 生日

bite: yǎo 咬

bitter: kǔ 苦

black: hēi 黑

blackboard: hēibǎn 黑板

blame: zéguài 责怪

blanket: máotǎn   毛毯

blood: xuè   血

blow: chuī   吹

blowing wind: guā fēng   刮风

blue: lán   兰

boat: chuán   船

body: shēntǐ   身体

boil: zhǔ   煮

boiled water (cool): lěng kāishuǐ   冷开水

boiled water (hot): kāishuǐ   开水

boiled dumpling: shuǐjiǎo   水饺

bone: gútóu   骨头

bonsai: pénjǐng   盆景

book: shū   书

bookstore: shūdiàn   书店

boring: wúliáo, yàn   无聊，厌

borrow, or lend: jiè   借

boss (n.): lǎobǎn, shàngsī   老板，上司

bottle: píng   瓶

bottom: xiàtǒu, xiàbiānr   下头，下边儿

boundary: biānjiè   边界

bowels: chángzi   肠子

bowl: wǎn   碗

box: hézi, xiāngzi   盒子，箱子

boy: nánháizi   男孩子

brain: nǎozi   脑子

brandy: báilándì   白兰地

bread: miànbāo   面包

break (v.): nònghuài   弄坏

breakfast: zǎofàn   早饭

breathe: hūxī   呼吸

bridge: qiáo   桥

bright: míngliàng   明亮

bring: dài, dài lái 带，带来
broken (smashed): pòlě 破了
broken (out of order):
   huàilě 坏了
brother (older): gēgě 哥哥
brother (younger): dìdi 弟弟
brown: kāfēisè, zōngsè 咖啡色，棕色
brush: shuāzi 刷子
Buddha: Fó 佛
Buddhism: Fójiào 佛教
bug, insect: chóngzi 虫子
build: jiànzào 建造
building (house): fángzi 房子
bureau: jú 局
burn (v.): shāojiāo 烧焦
burn (n.): tàngshāng 烫伤
bus stop: qìchē zhàn 汽车站
bus: gōnggòng qìchē 公共汽车
business person: shāngrén 商人
business: mǎimài 买卖
busy: máng 忙
butter: huángyóu, niúyóu 黄油，牛油
button: niǔkòu 纽扣
buy: mǎi 买

C

cabbage: báicài 白菜
cadre: gànbù 干部
cake: dàngāo 蛋糕
calculate: jìsuàn 计算
calculator: jìsuànqì 计算器
calendar: rìlì 日历
call: hǎn 喊

called, named: jiào 叫
calling card: míngpiàn 名片
camera: zhàoxiàngjī 照相机
Canada: Jiānádà 加拿大
cancel: qǔxiāo 取消
candy, sugar: táng 糖
capital (money): zīběn 资本
capital (city): shǒudū 首都
car: xiǎoqìchē 小汽车
care, concern: guānxīn 关心
careful: xiǎoxīn 小心
carpet: dìtǎn 地毯
carrots: húluóbǒ 胡萝卜
carry: dài 带
cash (v.): duìhuàn 兑换
cash (n.): xiànqián 现钱
cassette tape: lùyīndài 录音带
cat: māo 猫
catch cold: shāngfēng, 伤风，感冒
　　gǎnmào
catch: zhuāzhù 抓住
catty (1/2 kilogram): jīn 斤
caves: yándòng 岩洞
cent, minute: fēn 分
centigrade: shèshì 摄氏
central: zhōngxīn 中心
century: shìjì 世纪
certain: yídìng 一定
certainly, of course: 当然
　　dāngrán
chair: yǐzi 椅子
chance, opportunity: jīhuì 机会
change: biànhuà, gǎibiàn 变化，改变
character: xìnggé 性格

characteristic: tèdiǎn 特点
cheat: qīpiàn 欺骗
check (n.): zhīpiào, zhàngdān 支票，帐单
cheers (bottoms up): gānbēi 干杯
chest: xiōngkǒu 胸口
chew: jiáo 嚼
chewing gum: kǒuxiāngtáng 口香糖
chicken: jī 鸡
child: háizi, xiǎoháir 孩子，小孩儿
children: háizimén 孩子们
China: Zhōngguó 中国
Chinese characters: hànzì 汉字
Chinese language: Zhōngwén 中文
Chinese food: Zhōngcān 中餐
chocolate: qiǎokèlì 巧克力
choose, select: xuǎn, tiāoxuǎn 选，挑选
choose (things): xuǎn 选
chopsticks: kuàizi 筷子
cigarette: xiāngyān 香烟
circle: yuánquān 圆圈
city: chéngshì 城市
class, lesson: kè 课
class (people): bān 班
classmate: tóngxué 同学
classroom: jiàoshì 教室
clean: gānjìng 干净
clear: qīngchǔ 清楚
climb: pá 爬
clock: zhōng 钟
cloth: bù 布

cloudy (overcast): yīn	阴
club (group): jùlèbù	俱乐部
coat, jacket: dàyī	大衣
coffee: kāfēi	咖啡
cold (temperature): lěng	冷
collect: shōují	收集
college, university: dàxué	大学
color: yánsè	颜色
comb: shūzi	梳子
come in (please): qǐngjìn	请进
come: lái	来
comfortable: shūfú	舒服
coming: chūlái	出来
commitment: yìwù	义务
communicate, exchange: jiāoliú	交流
companion: huǒbàn	伙伴
company: gōngsī	公司
compare: bǐjiào	比较
compatible: shìhé	适合
competition: jìngzhēng	竞争
complete: wánquán	完全
concern: dānxīn	担心
confidence: xìnxīn	信心
construct, build: jiànzào	建造
consulate: lǐngshìguǎn	领事馆
contain (v.): bāohán	包含
container: róngqì	容器
contents: nèiróng	内容
continent: dàlù	大陆
cook book: càipǔ	菜谱
cook, chef: chúshī	厨师
cook, boil: zhǔ	煮
cookies: bǐnggān	饼干

cool: liángkuài 凉快

cooperation: hézuò 合作

copy (v.): fùyìn 复印

corn: yùmǐ 玉米

counter (sales): guìtái 柜台

country, nation: guójiā 国家

countryside: xiāngxià 乡下

county: xiàn 县

course (school): kèchéng 课程

cousin (m.): táng (biǎo) xiōngdì 堂【表】兄弟

cousin (f.): táng (biǎo) jiěmèi 堂【表】姐妹

cow: niú 牛

crab: pángxiè 螃蟹

crazy: shénjīngbìng 神经病

create: chuàngzào 创造

creative: chuàngzàoxìng 创造性

criticize: pīpíng 批评

cry: kū 哭

cucumber: huángguā 黄瓜

culture: wénhuà 文化

cup: bēi 杯

curious: hàoqídě 好奇的

curtain: chuānglián 窗帘

custom (habit): xíguàn 习惯

customer: gùkè 顾客

customs (border): hǎiguān 海关

customs (social): fēngsú xíguàn 风俗习惯

cut: qiē 切

cute: kěài 可爱

D

dad, papa:	bàbå	爸爸
daily:	měitiān, tiāntiān	每天，天天
dance (n.):	wǔdǎo	舞蹈
dance (v.):	tiàowǔ	跳舞
dangerous:	wēixiǎn	危险
dark:	hēiàn, shēnsèdě	黑暗，深色的
date, appointment:	yuēhuì	约会
date:	rìzi	日子
daughter:	nǚ'ér	女儿
day, sky:	tiān	天
daytime:	báitiān	白天
decide:	juédìng	决定
deep:	shēn	深
deer:	lù	鹿
definitely:	yídìng	一定
degree:	dù, chéngdù	度，程度
delicious:	hǎochī	好吃
demonstrate, show:	shìfàn	示范
department:	bùmén	部门
deposit (money):	cúnqián	存钱
describe:	xíngróng	形容
design, plan:	jìhuà	计划
desk:	shūzhuō	书桌
desserts:	gāodiǎn	糕点
develop film:	xǐzhàopiān	洗照片
develop:	fāzhǎn	发展
dial (telephone):	bō	播
diarrhea:	xièdù, lādùzi	泻肚，拉肚子
dictionary:	zìdiǎn	字典
did:	zuòguòlě	做过了
different:	bùtóng, bùyíyàng	不同，不一样
difficult, hard:	nán	难

dig: wājué	挖掘
dining room: fàntīng	饭厅
dinner: wǎnfàn	晚饭
dirt, earth: tǔ	土
dirty: zāng	脏
disappoint: shīwàng	失望
discover: fāxiàn	发现
discuss: tǎolùn	讨论
dish (of food): cài	菜
dislike: bùxǐhuān	不喜欢
distance: jùlí	距离
divide: fēnchéng	分成
divorce: líhūn	离婚
do not: bié, búyào	别，不要
do as you wish: suíbiàn	随便
do, make: zuò	做
doctor: dàifu	大夫
dog: gǒu	狗
dollar (Hong Kong): gǎngbì	港币
dollar (US): měiyuán	美元
door, gate: mén	门
doorway: ménkǒu	门口
dormitory: sùshè	宿舍
double room: shuāngrénfángjiān	双人房间
down: xià	下
downstairs: lóuxià	楼下
downtown: shìzhōngxīn	市中心
dragon: lóng	龙
draw: huà	画
dream: mèng	梦
drink: hē	喝
drive (car): kāichē	开车
driver: sījī	司机

drop: diào	掉
drug store: yàodiàn	药店
drug: yào	药
dry (weather): gānzào	干燥
dry: gān	干
duck: yāzi	鸭子
dumpling: jiǎozi	饺子
duty: yìwù	义务
dynasty: cháodài	朝代

E

each other: hùxiāng	互相
each: měi	每
ear: ěrduǒ	耳朵
early: zǎo	早
earn: zhuàn	赚
earth: dìqiú	地球
earthquake: dìzhèn	地震
east: dōng	东
easy, simple: róngyì	容易
eat: chī	吃
economics, economy: jīngjì	经济
education: jiàoyù	教育
effect: xiàoguǒ	效果
efficiency: xiàolǜ	效率
effort: nǔlì	努力
egg white: dànbái	蛋白
egg: jīdàn	鸡蛋
eggplant: qiézi	茄子
eight: bā	八
eighteen: shíbā	十八
eighth: dìbā	第八
eighty: bāshí	八十

either: huòshì 或是
electric fan: diànshàn 电扇
electric: diàn 电
elevator: diàntī 电梯
eleven: shíyī 十一
embarrassed: bùhǎoyìsi 不好意思
embassy: dàshǐguǎn 大使馆
emergency: jǐnjíshìjiàn 紧急事件
emperor: huángdì 皇帝
employ: gù 雇
empress: huánghòu 皇后
empty: kōng 空
end class: xiàkè 下课
end: jiéshù 结束
enemy: dírén 敌人
energy: néngliàng 能量
England: Yīngguó 英国
enjoy: xiǎngshòu 享受
entertainment: yùlè 娱乐
entire: zhěnggèdě 整个的
entrance: rùkǒu 入口
envelope: xìnfēng 信封
equal: píngděng; děngyú 平等，等于
equivalent to: zhéhé, 折合，相当
    xiāngdāng
etc.: ...děngděng ⋯等等
ethnic group,nationality:
    mínzú 民族
Europe: Ōuzhōu 欧洲
evening: wǎnshàng 晚上
every, each: měiyīgè 每一个
everybody: suǒyǒuděrén, 所有的人，大家
    dàjiā

everything: quánbù,　全部，所有的
　　suǒyǒudě
everywhere: měiyīgě　每一个地方，处处
　　dìfāng, chùchù
exactly: quèqièdě, zhǔnquè　确切的，准确
examination (test): kǎoshì　考试
example: lìzi　例子
excellent: hǎojílě　好极了
excessive: tài　太
exchange: huàn　换
excite: jīdòng　激动
excuse me, sorry: duìbùqǐ　对不起
exercise, practice: liànxí　练习
exhibition: zhǎnlǎn　展览
exit, export: chūkǒu　出口
exotic: qíyì　奇异
expensive: guì　贵
experience (n.): jīnglì　经历
experience (v.): jīngyàn,　经验，体验
　　tǐyàn
experiment: shìyàn　试验
expert: zhuānjiā　专家
explain: jiěshì　解释
extension: fēnjī, zhuǎn　分机，转
extra: duōyú, éwài　多余，额外
eye: yǎnjīng　眼睛

F

face: liǎn　脸
factory building: chǎngfáng　厂房
fahrenheit: huáshì　华氏
fail: shībài　失败
fair (just): gōngpíng　公平

fair (trade): jiāoyìhuì 交易会

fall (v.): diējiāo 跌跤

fall (autumn): qiūtiān 秋天

false: jiǎ 假

famous: yǒumíngdě 有名的

fan: shànzi 扇子

far: yuǎn 远

farm: nóngchǎng 农场

fashion: liúxíng 流行

fast, quick: kuài 快

fat: féi, pàng 肥，胖

father: fùqīn 父亲

fault, mistake: cuò 错

favorite: zùixǐhuāndě 最喜欢的

fear: pà 怕

February: èryuè 二月

feel: juédě, gǎndào 觉得，感到

feeling: gǎnjué, gǎnqíng 感觉，感情

female: nǚ 女

feudal society: fēngjiàn shèhuì 封建社会

fever: fāshāo 发烧

few: shǎo 少

fight: dǎ 打

filled up: mǎnlě 满了

fill: chéngmǎn 盛满

film (camera): jiāojuǎn 胶卷

film (movies): diànyǐng, yǐngpiān 电影，影片

final: zuìhòu 最后

finally: zhōngyú 终于

find: zhǎodào 找到

fine, nice, good, well: hǎo 好

finger: shǒuzhǐ 手指

finished: wánlě   完了
fire: huǒ   火
first: dìyī   第一
fish: yú   鱼
five: wǔ   五
flag: qízhì   旗帜
flat: píng   平
flavor: wèidào   味道
flesh, meat: ròu   肉
flexible: shēnsuōxìng   伸缩性
flight (n.): fēixíng   飞行
floor, bottom: dìxià   地下
floor: dìbǎn   地板
flour: miànfěn   面粉
flower: huā   花
flu: liúxíngxìng gǎnmào   流行性感冒
fluent: liúlì   流利
fly (v.): fēi   飞
fly (insect): cāngyíng   苍蝇
fog: wù   雾
follow: gēnsuí   跟随
food, meal, boiled rice: fàn   饭
food: shíwù   食物
foot: jiǎo   脚
football (US): měishì   美式足球，橄榄球
    zúqiú, gǎnlǎnqíu
for: wèilě   为了
foreign: wàiguódě   外国的
foreigner: wàiguórén   外国人
forest: shùlín, sēnlín   树林，森林
forever: yǒngyuǎn   永远
forget: wàngjì   忘记
forgive: yuánliàng   原谅
forgot: wànglě   忘了

fork: chāzi	叉子
fortune teller: suànmìng	算命
forty: sìshí	四十
forward: wǎngqián	往前
four: sì	四
fourteen: shísì	十四
fourth: dìsì	第四
fragrant: xiāng	香
France: Fǎguó	法国
freedom: zìyóu	自由
freeze: dòng	冻
French language: Fǎwén	法文
frequently, often:	
chángcháng	常常
fresh: xīnxiāndě	新鲜的
Friday: xīngqīwǔ	星期五
friend: péngyǒu	朋友
friendship: yǒuyí	友谊
frightening, terrible:	
kěpàdě	可怕的
from: cóng	从
front: qiánbiān, qiántóu	前边，前头
fruit juice: guǒzhī	果汁
fruit: shuǐguǒ	水果
fry (v.), stir fry: chǎo	炒
fry (pan): jiān	煎
fry (v.), deep: zhá	炸
full (stomach): bǎo	饱
full: mǎnlě	满了
fun: hǎowánr	好玩儿
funny: kěxiào, hǎoxiào	可笑，好笑
furniture: jiājù	家具
future: jiānglái	将来

G

gain (v.), achieve:	huòdé	获得
gain (n.):	yínglì	盈利
game:	yóuxì	游戏
garbage can:	lājī tǒng	垃圾桶
garbage:	fèiwù	废物
garden:	huāyuán	花园
garlic:	suàn	蒜
gasoline:	qìyóu	汽油
gasoline station:	jiāyóuzhàn	加油站
gentleman (Mr., Sir):		
xiānshēng		先生
geography:	dìlǐ	地理
German language:	Déwén	德文
Germany:	Déguó	德国
get up, arise:	qǐlái	起来
get off:	xià	下
ghost:	guǐ	鬼
gift, present:	lǐwù	礼物
ginger:	jiāng	姜
girl:	nǚháir, nǚháizi	女孩儿，女孩子
give:	gěi	给
give back:	huángěi	还给
glad, happy:	gāoxìng	高兴
glass (window):	bōlí	玻璃
glass (drinking):	bēizi	杯子
glasses (eye):	yǎnjìng	眼镜
glove:	shǒutào	手套
go to school:	shàng xué	上学
go back, return:	huíqù	回去
go:	qù	去
go to work:	shàngbān	上班
goal:	mùbiāo	目标

goat: shānyáng 山羊

god daughter: gānnǚér 干女儿

god son: gānérzi 干儿子

going to do something:
jiāngyào 将要

gold: jīnzi 金子

good day (hello): nǐhǎo 你好

good looking, pretty:
hǎokàn 好看

good morning: zǎo 早

goodbye: zàijiàn 再见

goose: é 鹅

govern: guǎnxiá 管辖

government: zhèngfǔ 政府

graduate: bìyè 毕业

grain: gǔwù 谷物

grammar: yǔfǎ 语法

granddaughter: sūnnǚér 孙女儿

grandfather: yéyě 爷爷

grandmother: nǎinǎi, zǔmǔ 奶奶，祖母

grandpa: dàyě 大爷

grandson: sūnzi 孙子

grasp: zhuā 抓

gray: huī 灰

great: wěidà 伟大

green: lǜ 绿

greet: yíngjiē 迎接

grocery store: shípǐn diàn 食品店

ground: dì 地

group (n.): tuántǐ 团体

grow: zhǎng; zhòng 长，种

guarantee: bǎozhèng 保证

guarantor, sponsor:
bǎozhèngrén 保证人

guide: xiàngdǎo　　　向导
gun: qiāng　　　枪
gymnasium, stadium: tǐyù　　　体育馆
   guǎn

H

habit: xíguàn　　　习惯
hair (body): máo　　　毛
hair (head): tóufǎ　　　头发
haircut: lǐfà　　　理发
half: yíbàn　　　一半
hall: guǎn　　　馆
ham: huǒtuǐ　　　火腿
hammer: chuízi　　　锤子
hand: shǒu　　　手
handicrafts: shǒugōngpǐn　　　手工品
handkerchief: shǒupà　　　手帕
hang: xuán, guà　　　悬，挂
hanger (clothes): yīfújià　　　衣服架
happen, occur: fāshēng　　　发生
happiness: kuàilè, xìngfú　　　快乐，幸福
harbor: hǎigǎng　　　海港
hard (not soft): yìng　　　硬
harvest (n.): fēngshōu　　　丰收
harvest (v.): shōu　　　收
has not: méiyǒu　　　没有
has (have): yǒu　　　有
hat: màozi　　　帽子
hate: hèn　　　恨
he: tā　　　他
head: tóu　　　头
headache: tóuténg　　　头疼
headquarters: zǒngbù　　　总部

heal: zhìyù	治愈
healthy, health: jiànkāng	健康
hear: tīng	听
heard: tīngshuō	听说
heart: xīn	心
heat: rèlì, rèliàng	热力，热量
heater: nuǎnqìjī, rèqìjī	暖气机，热气机
heavy: zhòng	重
hectare: gōngqǐng	公顷
heel: hòujiǎogēn	后脚跟
hello (on the telephone): wéi	喂
hello: nǐhǎo	你好
help: bāngzhù	帮助
her: tā	她
herb: cǎoyào,	草药
here: zhèr, zhèlǐ	这儿，这里
hers: tādě	她的
hide: duǒbì	躲避
high, tall: gāo	高
high school: zhōngxué	中学
highway: gōnglù	公路
hill: xiǎoshān	小山
him: tā	他
hire: gùyòng	雇佣
his: tādě	他的
history: lìshǐ	历史
historic site: gǔjī	古迹
hit (v.): dǎ	打
hitchhike: bànlù dāchē	半路搭车
hold, take: ná	拿
hold (embrace): bào	抱
hole: dòng	洞
holiday: jiàrì	假日

home, family: jiā 家

homework: gōngkè 功课

honest: chéngshí 诚实

honored: róngxìng 荣幸

hope: xīwàng 希望

hors d'oeuvres: lěngpán 冷盘

horse: mǎ 马

hospital: yīyuàn 医院

hospitality: yīnqínhàokè 殷勤好客

host: zhǔrén 主人

hot (spicy): là 辣

hot (temperature): rè 热

hotel: bīnguǎn, lǚguǎn 宾馆，旅馆

hour: xiǎoshí, zhōngtóu 小时，钟头

housekeeper: jiāyōng 家佣

how many (less than 10):
jǐgè 几个

how far: duōyuǎn 多远

how much? how many?:
duōshǎo 多少

how is it: zěnmeyàng 怎么样

how: rúhé 如何

however, but: kěshì, búguò 可是，不过

hug: yōngbào 拥抱

humankind: rénlèi 人类

humid, wet: cháoshī, shīde 潮湿，湿的

humor: yōumò, huīxié 幽默，诙谐

hundred thousand: shíwàn 十万

hundred: bǎi 百

hungry: è 饿

hurricane: jùfēng 飓风

hurt (n. feelings): tòngkǔ 痛苦

hurt: shòushāng 受伤

husband: zhàngfu 丈夫

I

I: wǒ　　　　　　　　　　　　　　　我
ice water: bīngshuǐ　　　　　　　　冰水
ice: bīng　　　　　　　　　　　　　冰
icecream: bīngjīlíng　　　　　　　　冰激凌
idea: zhúyì, yìsì　　　　　　　　　　主意，意思
ideal: lǐxiǎng　　　　　　　　　　　理想
identical: tǒngyīdē　　　　　　　　统一的
idiom: guànyòngyǔ　　　　　　　　惯用语
idol: ǒuxiàng　　　　　　　　　　　偶像
if: yàoshì, rúguǒ　　　　　　　　　要是，如果
ignorant: wúzhīdē　　　　　　　　　无知的
ill: bìnglē　　　　　　　　　　　　　病了
immediately: jiùyào, lìkè　　　　　　就要，立刻
immigrate: yíjūrùjìng　　　　　　　移居入境
impatient: búnàifán　　　　　　　　不耐烦
import: shūrù　　　　　　　　　　　输入
important: zhòngyào　　　　　　　　重要
improve: gǎiliáng　　　　　　　　　改良
in: zài, lǐ (biān)　　　　　　　　　　在，里【边】
income: shōurù　　　　　　　　　　收入
increase: zēngjiā　　　　　　　　　增加
indeed: díquè　　　　　　　　　　　的确
independent: zìzhǔdē　　　　　　　自主的
India: Yìndù　　　　　　　　　　　印度
individual: gèrén　　　　　　　　　个人
industry: gōngyè　　　　　　　　　工业
inexpensive: piányì　　　　　　　　便宜
inferior: xiàjí　　　　　　　　　　　下级
influence: yǐngxiǎng　　　　　　　　影响
inform: gàosù, tōngzhī　　　　　　　告诉，通知
information, report:
　　bàogào, xìnxī　　　　　　　　　报告，信息

injection: dǎzhēn	打针
injure: shānghài	伤害
injury: shāng	伤
inner: nèi	内
innocent: yòuzhì	幼稚
inquire: xùnwèn	询问
insect: kūnchóng	昆虫
inside: lǐtǒu, lǐbiānr	里头，里边【儿】
inspect, examine: jiǎnchá	检查
instant: jíshídě	及时的
institute: xiéhuì, xuéyuàn	协会，学院
instruction: zhǐlìng	指令
insult: wūrǔ	污辱
insurance: bǎoxiǎn	保险
integrity: zhèngzhí	正直
intellectual: yǒu jiàoyù dě rén	有教育的人
intelligent: cōngmíng	聪明
interesting: yǒuyìsi	有意思
international: guójìdě	国际的
interpreter, translate: fānyì	翻译
intimate: qīnmìdě	亲密的
into, enter: jìnrù	进入
introduce, recommend: jièshào	介绍
invent: fāmíng	发明
investigate: diàochá	调查
invite: yāoqǐng	邀请
invoice: huòdān	货单
iron: tiě	铁
is: shì	是
island: dǎo	岛
it: tā	它

Italian language: Yìwén, Yìdàlìwén — 意文，意大利文

Italy: Yìdàlì — 意大利

itch: yǎng — 痒

J

jacket (coat): duǎnwàiyī, wàitào — 短外衣，外套

jacket (cotton padded): mián'ǎo — 棉袄

jail, prison: jiānyù — 监狱

Japan: Rìběn — 日本

Japanese language: Rìwén — 日文

Japanese money: Rìyuán — 日元

Japanese person: Rìběnrén — 日本人

jar: guànzi — 罐子

jaw: è — 颚

jealous: jìdù — 忌妒

jelly (preserves): guǒdòng, guǒjiàng — 果冻，果酱

jetplane: pēnshèjī — 喷射机

job, work: gōngzuò — 工作

join: liánjiē — 联结

joke: xiàohuà — 笑话

journey, travel: lǚxíng — 旅行

joy: yúkuài — 愉快

judge (v.): shěnpàn — 审判

juice: zhī — 汁

jump: tiào — 跳

just: gānggāng — 刚刚

justice, fairness: gōngzhèng — 公证

K

keep: bǎoliú　　　　　保留
kettle: shuǐhú　　　　　水壶
key: yàoshi　　　　　钥匙
kick: tī　　　　　踢
kill: shā　　　　　杀
kilogram: gōngjīn　　　　　公斤
kilometer: gōnglǐ　　　　　公里
kind (n.): zhǒng (lèi)　　　　　种【类】
kindness: héqì　　　　　和气
kiss: jiēwěn　　　　　接吻
kitchen: chúfáng　　　　　厨房
knee: xīgài, xī　　　　　膝盖，膝
knife: dāozi　　　　　刀子
knock (on door): qiāo (mén)　　　　　敲【门】
knock, bump, touch: pèng　　　　　碰
know how to, be able to:
　huì　　　　　会
know (v.): zhīdào　　　　　知道
know, acquainted with:
　rènshi　　　　　认识
Korea: Cháoxiǎn　　　　　朝鲜
Korean language: Cháoxiǎn
　wén　　　　　朝鲜文

L

labor (power): láolì　　　　　劳力
laboratory: shìyànshì　　　　　试验室
laborer: láogōng, gōngrén　　　　　劳工，工人
lack: quēshǎo　　　　　缺少
lacquerware: qīqì　　　　　漆器
lady (Ms. Mrs.): nǚshì　　　　　女士

lady (yong woman): xiǎojiě	小姐
lake: hú	湖
lamb (sheep): miányáng, xiǎoyáng	绵羊，小羊
land: lùdì, tǔdì	陆地，土地
landlord: fángdōng	房东
landscape: shānshuǐ	山水
lane: hútòng, xiǎoxiàng	胡同，小巷
language: yǔyán	语言
large, big: dà	大
largest: zuìdàdě	最大的
last week: shàngxīngqī	上星期
last: zuìhòu yígè, zuìhòudě	最后一个，最后的
late: wǎn	晚
later: yǐhòu	以后
latest: zuìjìndě	最近的
laugh: xiào	笑
laundry: xǐyīdiàn	洗衣店
law: fǎlǜ	法律
lawyer: fǎxuéjiā	法学家
lay (put) down: fàngxià	放下
lazy: lǎn	懒
lead: dài, lǐng	带，领
leader: lǐngdǎo	领导
leader (of group, tour): tuánzhǎng	团长
leaf: yèzi, shùyè	叶子，树叶
lean (slim): shòu	瘦
learn: xué	学
leave, go away: líkāi	离开
left (side): zuǒ	左
leg: tuǐ	腿
leisure (time): gōngfu	工夫
lemon: níngméng	柠檬

length: chángduǎn	长短
lens: jìngtóu	镜头
less than: búdào	不到
less: shǎo	少
lesson: gōngkè; jiàoxùn	功课；教训
let: ràng	让
letter: xìn	信
library: túshūguǎn	图书馆
lichee: lìzhī	荔枝
lie down: tǎngxià	躺下
life: shēnghuó, shēngmìng	生活，生命
lift (v.): tái	抬
light bulb: dēngpào	灯泡
light, lamp: dēng	灯
lightweight: qīng	轻
like (alike): xiàng	象
like: xǐhuān	喜欢
likely, probably: dàgài	大概
line, rope, string: shéngzi	绳子
line (telephone): diànhuàxiàn	电话线
line (on paper, etc.): xiàntiáo	线条
liquid: yètǐ	液体
liquor: jiǔlèi	酒类
listen: tīng	听
liter: gōngshēng	公升
literature: wénxué	文学
little (small): xiǎo	小
little (a): yìdiǎnr	一点儿
live (alive): huó	活
live (reside): zhù	住
liver: gānzàng	肝脏
living room: kètīng	客厅

location, place: dìfāng,
  dìdiǎn   地方，地点

lock: suǒ   锁

locomotive: jīchē   机车

logic: luójì   逻辑

lonely: jìmò, gūdú   寂寞，孤独

long time: hěnjiǔ   很久

long: cháng   长

longlife: chángshòu, wànsuì   长寿，万岁

look (take a...): kànkàn   看看

look for: zhǎo   找

lose face: diūliǎn   丢脸

lose: diū   丢

lotus root: ǒu   藕

loud: dàshēng   大声

lounge, waiting room: xiūxi
  shì   休息室

love: ài   爱

low: dī   低

loyal: zhōngchéngdě   忠诚的

lucky: xìngyùndě, yǒufúqì   幸运的，有福气

lunar calendar: yīnlì   阴历

lunch: zhōngfàn, wǔfàn   中饭，午饭

lung: fèi   肺

luxury: shēchǐpǐn   奢侈品

lying down: tǎngxià   躺下

M

machine: jīqì   机器

mad (crazy): fēngkuángdě   疯狂的

mad (angry): shēngqì   生气

made (custom made):
  dìngzuò   定做

magazine: zázhì	杂志
magnificent: zhuāngyán	庄严
mail (v.), send letter: jìxìn	寄信
mail (regular mail): píngxìn	平信
mail (n.): yóujiàn	邮件
main road: dà lù	大路
major, main: zhǔyàodě	主要的
make: zuò	做
male (animal): xióngdě	雄的
male (human): nándě	男的
man, person: rén	人
manage: guǎnlǐ	管理
manager: jīnglǐ, guǎnlǐyuán	经理，管理员
manners (customs): xíguàn	习惯
manners: lǐmào	礼貌
manufacture: zhìzào	制造
many, much, a lot: hěnduō	很多
map: dìtú	地图
March: Sānyuè	三月
market: shìchǎng	市场
marry: jiéhūn	结婚
martial arts: gōngfǔ, wǔshù	功夫，武术
massage: ànmó	按摩
masses (crowd): qúnzhòng	群众
matches: huǒchái	火柴
mathematics: shùxué	数学
matter (material): wùzhì	物质
may, can: kěyǐ	可以
May: Wǔyuè	五月
maybe, possible: kěnéng, yěxǔ	可能，也许
me: wǒ	我
mean (bad): huài	坏
meaning: yìsi, yìyì	意思，意义

meaningful: yǒuyìyì	有意义
meaningless: wúyìyì	无意义
measure (v.): liáng	量
measurement: chǐdù	尺度
mechanical: jīxièdě	机械的
medical doctor: yīshēng	医生
medicine: yào	药
meet: huìjiàn	会见
meeting: kāihuì, huìyì	开会，会议
melon (honey): hāmìguā	哈密瓜
melon (water): xīguā	西瓜
member, tour members: chéngyuán	成员
memorize: jìzhù	记住
mend: bǔ	补
mental: xīnlǐdě	心理的
menu: càidān	菜单
merchandise (goods): huò	货
merchandise: shāngpǐn	商品
message (news): xiāoxi, xìnxī	消息，信息
metal: jīnshǔ	金属
meter (39"): gōngchǐ, mǐ	公尺，米
method: bànfǎ, fāngfǎ	办法，方法
middle: zhōng, zhōngjiānr	中，中间【儿】
midnight: bànyè, wǔyè	半夜，午夜
mile: yīnglǐ	英里
military: jūnshìdě	军事的
milk: niúnǎi, nǎi	牛奶，奶
million: bǎiwàn	百万
mine: wǒdě	我的
mineral water: kuàngquánshuǐ	矿泉水
minibus: miànbāochē	面包车

mirror: jìngzǐ	镜子
Miss: xiǎojiě, nǚshì	小姐，女士
mistake: cuòwù	错误
Mister (Mr.): xiānshēng	先生
model: móxíng	模型
modern: xiàndàidė	现代的
Monday: Xīngqīyī, Lǐbàiyī	星期一，礼拜一
money: qián	钱
month: yuè	月
mood: xīnqíng	心情
moon: yuèliǎng	月亮
more, plus: duō	多
morning, forenoon: shàngwǔ, zǎoshàng	上午，早上
mosquito: wénzi	蚊子
most: zuì	最
mother: mǔqīn, māmá	母亲，妈妈
mountain: shān	山
mouth: kǒu	口
move: bān, dòng	搬，动
Mrs.: fūrén, tàitài	夫人，太太
mud: ní	泥
multiply: chéng	乘
muscle: jīròu	肌肉
museum: bówùguǎn	博物馆
mushroom (white): mógū	蘑菇
mushroom (black): xiānggū	香菇
music: yīnyuè	音乐
must, necessary: bìxū, yīdìng	必须，一定
my, mine: wǒdė	我的
myself: wǒzìjǐ	我自己

N

nail: dīngzǐ 钉子

name: xìngmíng, míngzǐ 姓名，名字

nap: xiūxi 休息

napkin: cānjīn 餐巾

narrow: xiázhǎi 狭窄

nation: guó 国

national: guójiādě 国家的

native: běndìdě 本地的

natural: zìrándě 自然的

nature: zìrán 自然

near: jìn 近

neck tie: lǐngdài 领带

neck: bózǐ 脖子

need: xūyào 需要

needle: zhēn 针

neighbor: línjū 邻居

neither: jìbù...yòubù 既不···又不

nephew: zhízǐ 侄子

nerve: shénjīng 神经

nervous: jǐnzhāng 紧张

never: cóngméi, yǒngbù 从没，永不

new: xīn 新

news: xīnwén 新闻

newspaper: bàozhǐ 报纸

next week: xiàxīngqī 下星期

next: xiàyīgě 下一个

niece: zhínǚ 侄女

nighttime: yèlǐ 夜里

night: wǎnshàng 晚上

nine: jiǔ 九

nineteen: shíjiǔ 十九

nineteenth: dìshíjiǔ 第十九

ninety: jiǔshí 九十
ninth: dìjiǔ 第九
no, not: méi, bù 没，不
nobody, no one: méirén 没人
noisy: chǎo 吵
nonsense, rubbish: fèihuà 废话
noodle: miàntiáo 面条
noodle soup: tāngmiàn 汤面
noon: zhōngwǔ 中午
north: běi 北
nose: bízi 鼻子
not well: bùshūfú 不舒服
not bad: búcuò 不错
notebook: bǐjìběn 笔记本
novel and short story:
   xiǎoshuō 小说
November: Shíyīyuè 十一月
now: xiànzài 现在
number (cardinal): hào 号
number (ordinal): shùmù 数目
nurse: hùshi 护士
nursery (plants): miáopǔ 苗圃
nursery (children):
   yòuéryuán 幼儿园
nut: guǒrén 果仁

o'clock: diǎnzhōng 点钟
obey: fúcóng, tīngcóng 服从，听从
object (v.): fǎnduì 反对
object (things): dōngxi 东西
obligation: yìwù 义务
observe: guānchá 观察

obtain: dédào 得到

occasion: shíjié 时节

occupation: zhànlǐng 占领

occupied (toilet): yǒurén 有人

ocean: yáng, hǎi 洋，海

October: Shíyuè 十月

of: zhī, dě 之，的

off (shut), close: guān 关

office: bàngōngshì 办公室

official: guānfāngdě 官方的

oil (cooking): yóu 油

okay: hǎobǎ 好吧

old (person): lǎo 老

old (used): jiù 旧

on: zài 在

once: yícì; céngjīng 一次；曾经

one hundred: yībǎi 一百

one: yī 一

onion: cōng 葱

open: kāi, dǎkāi 开，打开

opera: gējù 歌剧

operation: shǒushù 手术

opinion: yìjiàn 意见

opposite (side): duìmiàn 对面

opposite (ideas): xiāngfǎn 相反

optimism: lèguān 乐观

or: háishì 还是

orange juice: júzishuǐ 橘子水

orange color: chénghuángsè 橙黄色

orchestra: guǎnxiányuèduì 管弦乐队

order (in order): cìxù 次序

order (v.): jiào 叫

order food: diǎncài 点菜

ordinary: pǔtōng 普通

organization: biānzhì 编制

organize: zǔzhī 组织

Orient (n.): Dōngfāng 东方

original: běnlái, yuánlái 本来，原来

ought to: gāi, yīngdāng, yídìng 该，应当，一定

our: wǒménde 我们的

out (to go): chūqù 出去

outlet (electric): chāzuò 插座

over: zài...zhīshàng 在…之上

overcome: kèfú 克服

owe: qiànzhài 欠债

own: zìjǐde 自己的

owner: zhǔrén, wùzhǔ 主人，物主

oxygen: yǎngqì 氧气

P

pack (v.): bāozhuāng 包装

pack (and ship): zhuāngyùn 装运

package: bāoguǒ 包裹

pain: téng 疼

paint: yóuqī 油漆

painting (n.): huà 画

pal: huǒbàn 伙伴

panda (great): dàxióngmāo 大熊猫

panda (lesser): xiǎo xióngmāo 小熊猫

panorama: quánjǐng 全景

pants: chángkù, kùzi 长裤，裤子

paper: zhǐ 纸

parents: fùmǔ, shuāngqīn 父母，双亲

park (n.): gōngyuán 公园

park (v., car): tíngchē 停车

part (portion): bùfèn	部分
partner: héhuǒrén	合伙人
party (political): zhèngdǎng	政党
party (gathering): jùhuì	聚会
pass: guò, jīngguò	过，经过
passenger: chéngkè	乘客
passive: bèidòng, xiāojí	被动，消极
past: cóngqián, guòqù	从前，过去
pastries, hors d'oeuvres:	
diǎnxīn	点心
patent: zhuānlì	专利
path: xiǎolù	小路
patient (n.): bìngrén	病人
patient (adj.): nàixīn	耐心
pattern (kind, style):	
shìyàng	式样
pay (v.): fùqián	付钱
peace: ān, hépíng	安，和平
peach: táo	桃
peanut: huāshēng	花生
pear: lí	梨
peasant: nóngmín	农民
pen: gāngbǐ	钢笔
pencil: qiānbi	铅笔
people: rénmén, rénmín	人们，人民
pepper (chili): làjiāo	辣椒
pepper (ground): hújiāofěn	胡椒粉
percent: bǎifēnzhī...	百分之…
perfect: wánměi	完美
perform, performance:	
biǎoyǎn	表演
perfume: xiāngshuǐ	香水
perhaps: yěxǔ	也许
permission: xǔkě	许可

persimmon: shìzi	柿子
personality, character: gèxìng, réngé	个性，人格
pet (n.): chǒngàiwù	宠爱物
pharmacy: yàodiàn	药店
philosophy: zhéxué	哲学
phoenix: fènghuáng	凤凰
photo: zhàopiān, xiàngpiān	照片，相片
photograph (v.): zhàoxiàng	照相
phrase: duǎnyǔ	短语
piano: gāngqín	钢琴
pick up (thing): jiǎnqǐlái	拣起来
pickle (dill): suān huángguā	酸黄瓜
pickled vegetables: pàocài	泡菜
picnic: yěcān	野餐
pictorial: huàbào	画报
picture: túhuà	图画
piece: kuài	块
pig: zhū	猪
pill: yàowán	药丸
pillow: zhěntóu	枕头
pineapple: bōluó, fènglí	菠萝，凤梨
pingpong: pīngpāngqiú	乒乓球
pink: fěnhóng	粉红
plan: jìhuà, dǎsuàn	计划，打算
plant (factory): gōngchǎng	工厂
plant (n., vegetable): zhíwù	植物
plant (v.): zhòngzhí	种植
plaster: shígāo	石膏
plate: pánzi	盘子
play (v.): wánr	玩【儿】
play (n.): huàjù	话剧
play (ball): dǎqiú	打球

playground: cāochǎng 操场
please: qǐng 请
pleasure: yúkuài 愉快
plug (electric): chāxiāo 插销
plus (math): jiā, jiāhào 加，加号
pocket: kǒudài 口袋
police station: jǐngchájú 警察局
police: jǐngchá 警察
policy: zhèngcè 政策
polish: cā 擦
polite: kèqi 客气
polite: yǒulǐmào 有礼貌
politics: zhèngzhì 政治
poor: qióng 穷
population: rénkǒu 人口
pork: zhūròu 猪肉
port: gǎng 港
porter: bānxínglǐdě rén 搬行李的人
position (place): wèizhì 位置
possess: jùyǒu 具有
post office: yóujú 邮局
postage (cost): yóuzī 邮资
postage stamp: yóupiào 邮票
postcard: míngxìnpiàn 明信片
potato: mǎlíngshǔ, tǔdòu 马铃薯，土豆
pound (n., weight): bàng 磅
pound (v.): qiāodǎ 敲打
pour: dào 倒
power: lìliàng 力量
practice (n.): shíjiàn, liànxí 实践，练习
prawn: dàxiā 大虾
pray: dǎogào 祷告
precious: guìzhòngdě 贵重的
prefer: nìngkě 宁可

prepare: yùbèi, zhǔnbèi	预备，准备
prescription: yàofāng	药方
present (v.): sònggěi,	送给
present (n.): lǐwù	礼物
press (v.): àn	按
price: jiàqián	价钱
principal (school): xiàozhǎng	校长
private possession: sīyǒu	私有
private: sīréndě, sīlìdě	私人的，私立的
problem: wèntí	问题
procedure: shǒuxù	手续
proceed: jìxù	继续
product: chǎnpǐn	产品
production: shēngchǎn	生产
program: jiémù	节目
progress: jìnbù	进步
prohibit: bùzhǔn, jìnzhǐ	不准，禁止
promise: nuòyán, dāyìng	诺言，答应
pronunciation: fāyīn	发音
proof: zhèngjù	证据
properly: hǎohāodě, shìdāngdě	好好地，适当地
protect: bǎohù	保护
prove: zhèngmíng	证明
proverb: chéngyǔ	成语
province: shěng	省
psychology: xīnlǐxué	心理学
public: gōnggòng	公共
pull: lā	拉
pulse: màibó	脉搏
punish: fá	罚
purpose (aim): mùdì	目的
purse: qiánbāo	钱包

push: tuī 推

Q

qualification: yǒuzīgé 有资格
quality: zhìliàng 质量
quantity: shùliàng 数量
quarrel: chǎojià 吵架
quarter hour: kè 刻
question: wèntí 问题
quiet: ānjìng 安静
quit: fàngqì 放弃
quite: xiāngdāng 相当
quiz (n.): xiǎokǎo 小考

R

rabbit: tùzi 兔子
racket (tennis): qiúpāi 球拍
radio: shōuyīnjī 收音机
railway station: huǒchēzhàn 火车站
railway: tiělù 铁路
rain: xiàyǔ, yǔ 下雨，雨
rat: lǎoshǔ 老鼠
rather, fairly: xiāngdāng 相当
rather, prefer: níngkě 宁可
razor: guāhúdāo 刮胡刀
reach, arrive: dàodá 到达
read aloud: niàn 念
read (a book): kàn (shū) 看【书】
ready: zhǔnbèihǎole 准备好了
real: zhēndè 真的
really: quèshí 确实
rear: hòumiàn 后面

reason (n.): lǐyóu, dàolǐ	理由，道理
reasonable: hélǐdě	合理的
receipt: shōujù, fāpiào	收据，发票
receive: shōudào	收到
recently: jìnlái, zuìjìn	近来，最近
record: jìlù	记录
recover (health): fùyuán	复原
red: hóng	红
reduce (price): jiǎnshǎo	减少
reference: cānkǎo	参考
refrigerator: bīngxiāng	冰箱
refund: chánghuán	偿还
registration desk: dēngjìtái	登记台
regular (usual): zhèngcháng, dìngqīdě	正常，定期的
reject: jùjué	拒绝
relation: guānxi	关系
relatives: qīnqì	亲戚
relatively: bǐjiàodě	比较的
relax (rest): qīngsōng, xiūxì	轻松，休息
reliable, responsible: kěkào	可靠
religious: zōngjiàodě	宗教的
remain: shèngxiàdě	剩下的
remember: jìdé	记得
rent (n.): zūjīn	租金
rent (v.): zū	租
repair: xiūlǐ	修理
repeat: chóngfù, zàishuō	重复，再说
representative: dàibiǎo	代表
require: xūyào	需要
resemble: xiàng	像
reservation: dìngzuò, yùdìng	订座，预订
reside: zhùzài	住在

resign: cízhí 辞职
resource: zīyuán 资源
respect: zūnjìng 尊敬
responsibility: zérèn 责任
responsible: kěkàodě 可靠的
rest: xiūxí 休息
restaurant: fànguǎn, 饭馆，餐馆
cānguǎn
result: jiéguǒ 结果
return: huílái 回来
reverse: diāndǎo 颠倒
review: fùxí 复习
revolution: gémìng 革命
rice cooker: diànfànguō 电饭锅
rice (cooked): mǐfàn 米饭
rice gruel: xīfàn 稀饭
rice (uncooked): mǐ 米
rich: fùdě, yǒuqián 富的，有钱
ride (bicycle): qí (zìxíngchē) 骑【自行车】
ride (in, on): zuò 坐
right (correct): duì, shìdě 对，是的
right hand: yòushǒu 右手
right side: yòubiān 右边
rigid: jiānyìng 坚硬
ripe: shú 熟
risk (n.): màoxiǎn 冒险
river valley: hégǔ 河谷
river: hé, jiāng 河，江
rock, stone: shítóu 石头
room number: fánghào 房号
room: fángjiān 房间
rough: cūcāodě 粗糙的
round: yuán 圆
row (n.): háng 行

rubbish: lājī   垃圾
run: pǎo   跑
rural: xiāngcūndě   乡村的
rush (v.): chōng   冲
Russian language: Éwén   俄文
Russian: Éguó   俄国

S

sad: bēiāi, kěbēidě   悲哀，可悲的
safe: ānquán   安全
salad: sèlā   色拉
salary, wages: gōngzī,
     xīnshuǐ   工资，薪水
salesperson: shòuhuòyuán,
     diànyuán   售货员，店员
salt: yán   盐
same: yíyàng   一样
sample: yàngpǐn   样品
San Francisco: Jiùjīnshān   旧金山
sandwich: sānmíngzhì   三明治
satisfy: mǎnyì   满意
Saturday: xīngqīliù   星期六
save (life): jiùshēng   救生
save (things): zhěngjiù   拯救
say: shuō   说
scare: jīngxià   惊吓
scenery: fēngjǐng   风景
schedule: shíjiānbiǎo,
     rìchéng   时间表，日程
scholar: xuézhě   学者
school (middle): zhōngxué   中学
school (elementary):
     xiǎoxué   小学

school: xuéxiào	学校
schoolmate: xiàoyǒu	校友
science: kēxué	科学
scissors: jiǎndāo	剪刀
screwdriver: luósīdāo	螺丝刀
sea, ocean: hǎi, yáng	海，洋
seafood: hǎixiān	海鲜
seal (chop): túzhāng	图章
season: jìjié	季节
seat (n.): zuòwèi	座位
second: dìèr	第二
secret: mìmì	秘密
secretary: mìshū	秘书
seed: zhǒngzi	种子
seek: xúnzhǎo	寻找
self: zìjǐ	自己
selfish: zìsī	自私
sell: mài	卖
send: sòng	送
sensible: yǒudàolǐ	有道理
sensitive: mǐngǎn	敏感
sentence: jùzi	句子
separate: fēnkāi, gékāi	分开，隔开
September: Jiǔyuè	九月
serious: yánzhòng	严重
serve: fúwù	服务
service station: qìyóuzhàn	汽油站
set (v.), put: fàng	放
seven: qī	七
seventeen: shíqī	十七
seventy: qīshí	七十
several: jǐgè	几个
sew: féng	缝
sex (gender): xìngbié	性别

shadow: yǐngzi 影子
shake hands: wòshǒu 握手
shallow: qiǎn 浅
shame: xiūchǐ 羞耻
shape (n.): xíngzhuàng 形状
share: tōngyòng, jūnfēn 通用，均分
sharp: kuài, fēnglì, jiānde 快，锋利，尖的
shave: guāhúzi 刮胡子
she: tā 她
sheep: yáng 羊
sheet (bed): chuángdān 床单
sheet (measure for paper):
   zhāng 张
shelf: jiàzi 架子
shirt: chènshān 衬衫
shoe: xiézi 鞋子
shop (v.): mǎi 买
shop (n.): xiǎomàibù 小卖部
short (height): ǎi 矮
short (length): duǎn 短
shortly: yīhuìr 一会儿
should: yīnggāi 应该
shoulder: jiān 肩
show (v.): biǎoxiàn 表现
show: xiǎnshì 显示
shower (rain): zhènyǔ 阵雨
shower (bath): chōngzǎo 冲澡
shrimp: xiǎoxiā 小虾
sick, sickness: bìng 病
side, edge: biān(r) 边【儿】
sightseeing: yóulǎn 游览
sign, symbol: fúhào 符号
sign, tag (baggage),
   brandname: páizi 牌子

sign, mark, indication:
biāozhì 标志

silent, quiet: ānjìng 安静

silk: sīchóu 丝绸

silly: shǎ, hútú 傻，糊涂

silver: yín 银

similar: xiàng 像

since (because): jìrán, 既然，因为
yīnwéi

sincere: zhēnchéngde 真诚的

sing: chànggē 唱歌

single: dānyīde 单一的

sister city: jiěmèishì 姐妹市

sister (older): jiějie 姐姐

sister (younger): mèimei 妹妹

sit: zuò 坐

six: liù 六

sixteen: shíliù 十六

sixty: liùshí 六十

size: dàxiǎo 大小

skilled: shúliànde 熟练的

skin: pífū 皮肤

skirt: qúnzi 裙子

slang: líyǔ 俚语

sleep: shuìjiào 睡觉

slender: xìcháng, miáotiáo 细长，苗条

slow: màn 慢

slower: mànyìdiǎnr 慢一点儿

slowly: mànmànde 慢慢的

small: xiǎo 小

smell (v.): wén 闻

smell (n.): wèir 味儿

smile: wēixiào 微笑

smog: yānwù 烟雾

smoke (cigarettes):
  chōuyān, xīyān   抽烟，吸烟
smooth: guānghuá   光滑
snake: shé   蛇
sneeze (v.): dǎpēntì   打喷嚏
snore (v.): dǎhūlǔ   打呼噜
snow: xuě   雪
snowing: xiàxuě   下雪
so (so much): rúcǐ, zhèyàng   如此，这样
so (therefore): suoyǐ   所以
soap: féizào   肥皂
socialism: shèhuìzhǔyì   社会主义
society: shèhuì   社会
sociology: shèhuìxué   社会学
socks: wàzi   袜子
soda pop: qìshuǐ   汽水
soft: ruǎn   软
soil: tǔ, tǔdì   土，土地
soldier: jūnrén, shìbīng 军人，士兵
solid: gùtǐ, lìtǐ   固体，立体
solve: jiějué   解决
some: yìxiē   一些
someday: yǒuyìtiān   有一天
someone: mǒuyīgèrén   某一个人
sometimes: yǒushí   有时
somewhere: mǒudì   某地
son: érzi   儿子
song: gē(r)   歌【儿】
soon: bùjiǔ   不久
sophisticated: yǒu   有处世经验的
  chùshìjīngyàndě
sore throat: hóulóngténg 喉咙疼
sore: téngtòng   疼痛
soup bowl: tāngwǎn   汤碗

soup: tāng	汤
sour: suān	酸
south: nán	南
souvenir: jìniànpǐn	纪念品
Soviet Union: Sūlián	苏联
soy sauce: jiàngyóu	酱油
space: kōngjiān	空间
Spain: Xībānyá	西班牙
Spanish language:	
Xībānyáwén	西班牙文
speak: shuōhuà	说话
special: tèbié	特别
species: zhǒnglèi	种类
spectator: guānzhòng	观众
speech: yǎnshuō	演说
speed: sùdù	速度
spend (money): huāqián	花钱
spend (energy, time, etc.):	
huāfèi	花费
spice: xiāngliào	香料
spinach: bōcài	菠菜
spirit, mood: jīngshén	精神
spoon: sháozi	勺子
sports: tǐyù, yùndòng	体育，运动
spring (season): chūntiān	春天
square: fāng	方
stairs: lóutī, táijiē	楼梯，台阶
stand: zhànlì	站立
star: xīngxing	星星
start out: chūfā	出发
state, nation: zhōu, guójiā	州，国家
station: zhàn	站
stay (v.): dòuliú	逗留
steal: tōu, qièqǔ	偷，窃取

steam: zhēngqì, zhēng	蒸汽，蒸
steamed bread (roll): mántóu	馒头
steel: gāng	钢
step (footstep): bùzi	步子
step by step: yībù yībù	一步一步
stomach: wèi	胃
stop: tíng, tíngzhǐ	停，停止
store: diàn, pùzi	店，铺子
storm: bàofēngyǔ	暴风雨
story: gùshi	故事
stove, oven: lúzi	炉子
straight: yīzhí, zhídè	一直，直的
strange: qíguài	奇怪
street: jiē, jiēdào	街，街道
strength: lìliàng, lìqì	力量，力气
stress: yālì	压力
stroll: sànbù	散布
strong: qiáng, qiángzhuàng	强，强壮
stubborn: wángù	顽固
student: xuéshēng	学生
study: xué, xuéxí	学，学习
study room: shūfáng	书房
stupid: bèn, bèndàn	笨，笨蛋
style: yàngzi	样子
substitute: dàitì	代替
suburb: jiāoqū	郊区
succeed: chénggōng	成功
successively: yīlián, liánxù	一连，连续
sudden: tūrán	突然
sue: kònggào	控告
suggest: jiànyì	建议
suit (of clothes): xīzhuāng, xīfú	西装，西服

suitcase: xiāngzi 箱子
sum, total: zǒngshù 总数
summer: xiàtiān 夏天
sun: tàiyáng 太阳
Sunday: Xīngqīrì 星期日
sunrise: rìchū 日出
sunset: rìluò 日落
superstition: míxìn 迷信
supper: wǎnfàn 晚饭
support: zhīchí 支持
sure: yídìng 一定
surname: xìng 姓
surplus: guòshèng 过剩
surround: wéi, bāowéi 围，包围
sweat: chūhàn, hàn 出汗，汗
sweater: máoyī 毛衣
sweet and sour: tiánsuān 甜酸
sweet and sour fish:
    tángcùyú 糖醋鱼
sweet: tián 甜
swim: yóuyǒng 游泳
switchboard: zǒngjī 总机
symbol: xiàngzhēng, fúhào 象征，符号
symptom: zhèngzhuàng 症状
system: xìtǒng 系统

T

table tennis: pīngpāngqiú 乒乓球
table: zhuōzi 桌子
tail: wěibā 尾巴
tailor: cáiféng 裁缝
take a guess: cāiyicāi 猜一猜
take off (airplane): qǐfēi 起飞

take away: názǒu, dàizǒu　　拿走，带走
talent, genius: tiāncái　　天才
talk: tántǎn, tánhuà　　谈谈，谈话
tan (v.): shài　　晒
tan (n.): zōnghèsè　　棕褐色
tape (n.): dàizi　　带子
taste (v.): pǐncháng　　品尝
taste (n.): wèidào　　味道
tax: shuì　　税
taxi: chūzūchē　　出租车
tea pot: cháhú　　茶壶
tea: chá　　茶
teacher: lǎoshī, xiānshēng　　老师，先生
teaching faculty: jiàoyuán　　教员
teacup: chábēi　　茶杯
tear (v.): chě, sī　　扯，撕
technique: jìshù　　技术
teeth, tooth: yáchǐ　　牙齿
telegram: diànbào　　电报
telephone (v.): dǎdiànhuà　　打电话
telephone (longdistance):
　　chángtúdiànhuà　　长途电话
telephone (n.): diànhuà　　电话
television: diànshì　　电视
temper: píqi, xìngqíng　　脾气，性情
temperature: wēndù　　温度
temporary: zhǎnshí　　暂时
ten: shí　　十
tennis: wǎngqiú　　网球
tenth: dìshí　　第十
text: kèwén　　课文
textile: fǎngzhīpǐn　　纺织品
than: bǐ　　比
thanks: xièxiè　　谢谢

that: nà, nèi	那，那
theater: jùyuàn, jùchǎng	剧院，剧场
their: tāmēndě	他们的
then: ránhòu	然后
there is not: méiyǒu	没有
there is: yǒu	有
there: nàr, nàlǐ	那儿，那里
therefore: suǒyǐ	所以
thermometer: wēndùbiǎo	温度表
thermos: nuǎnshuǐpíng	暖水瓶
these: zhèxiē	这些
they, them: tāmēn	他们
thick: hòu	厚
thief: dàozéi, xiǎotōu	盗贼，小偷
thigh: dàtuǐ	大腿
thin: báo, shòu	薄，瘦
think: xiǎng, yǐwéi	想，以为
third: dìsān	第三
thirsty: kě	渴
thirteen: shísān	十三
thirty: sānshí	三十
this: zhèigè	这个
thorough (n.): chōngfèndě	充分的
those: nàxiē	那些
thought: sīxiǎng	思想
thousand: yīqiān	一千
thread (n.): xiàn	线
three: sān	三
throat: hóulóng	喉咙
through: tōngguò	通过
throw: rēng, tóu	扔，投
throw away: diūdiào	丢掉
thumb: dàmǔzhǐ	大拇指
thunder: léi	雷

Thursday: Xīngqīsì 星期四
ticket: piào 票
tie up: kǔnqǐlái, kǔnbǎng 捆起来，捆绑
tight: jǐn 紧
timber: mùcái 木材
time: shíhòu 时候
times (how many): cì 次
tired: píjuàn, lèi 疲倦，累
title: biāotí 标题
to, toward: duì, dào 对，到
to be: shì 是
toast: kǎomiànbāo 烤面包
today: jīntiān 今天
toe: jiǎozhítóu 脚指头
together: yīqǐ, yīkuàir 一起，一块儿
toilet paper: wèishēngzhǐ 卫生纸
toilet: cèsuǒ 厕所
tolerate: rěnnài 忍耐
tomato: xīhóngshì 西红柿
tomb: líng, fénmù 陵，坟墓
tomorrow: míngtiān 明天
tongue: shétóu 舌头
too (also): yě 也
too (excess): tài 太
tool: gōngjù 工具
tooth brush: yáshuā 牙刷
tooth paste: yágāo 牙膏
toothache: yáténg 牙疼
toothpick: yáqiān 牙签
top: shàngtóu, shàngbiān, dǐng 上头，上边，顶
tortoise: wūguī 乌龟
touch: jiēchù, mō 接触，摸
tour group: lǚxíngtuán 旅行团

toward (direction):	wǎng, cháoxiàng	往，朝向
towel:	máojīn	毛巾
town:	chéngzhèn	城镇
toy:	wánjù	玩具
trade (n.):	shāngyè	商业
traffic:	jiāotōng	交通
tragedy:	bēijù	悲剧
train:	huǒchē	火车
translate (v.):	fānyì	翻译
transport:	yùnshū	运输
travel agency:	lǚxíngshè	旅行社
traveler's check:	lǚxíng zhīpiào	旅行支票
traveler:	lǚyóuzhě	旅游者
treatment:	dàiyù	待遇
tree:	shù	树
triangle:	sānjiǎoxíng	三角形
trouble:	máfán, fánnǎo	麻烦，烦恼
trousers:	kùzi	裤子
truck:	yùnhuòqìchē	运货汽车
true:	zhēndě	真的
trust:	xiāngxìn	相信
truth:	zhēnlǐ	真理
try :	shìyīshì, shìshìkàn	试一试，试试看
Tuesday:	Xīngqīèr	星期二
tunnel:	suìdào	隧道
turkey:	huǒjī	火鸡
turn off:	guānshàng	关上
turn:	guǎiwān	拐弯
turnip:	luóbo	萝卜
twelve:	shíèr	十二
twins:	shuāngbāotāi	双胞胎
two:	èr, liǎnggě	二，两个

type (v.): dǎzì   打字

type, pattern: yàngzi,   样子，种类
  zhǒnglèi

typical: diǎnxíng   典型

U

ugly: chǒu, nánkàn   丑，难看

umbrella: yǔsǎn   雨伞

uncle (younger): shūshú   叔叔

uncle (older): dàyě   大爷

under: xiàbiān   下边

understand: dǒng   懂

uninteresting: méiyǒuyìsi   没有意思

union: jiéhé   结合

unit (work place): dānwèi   单位

United States of America:
  Měiguó   美国

unity, unify: tǒngyī   统一

universal: yǔzhòudě; pǔ   宇宙的；普遍
  biàn

unoccupied (toilet): wúrén   无人

until: zhídào   直到

unusual: bùtōngcháng   不通常

up: shàng   上

upon: zài...shàngbiān   在…上边

upstairs: lóushàng   楼上

urgent: jǐnjí, yàojǐn   紧急，要紧

urine: niào   尿

us: wǒmēn   我们

use: yòng   用

useful: yǒuyòng   有用

useless: méiyǒuyòng   没有用

usual: tōngcháng   通常

utensil (instruments):
　qìxiè, yòngjù　　　　器械，用具

vacancy: kòngbái　　　空白
vacation: fàngjià, jiàqī　放假，假期
vacuum cleaner: xīchénqì　吸尘器
valley: shāngǔ　　　山谷
valuable: yǒujiàzhí　　有价值
value: jiàzhí　　　价值
vase: huāpíng　　　花瓶
vegetable: shūcài, qīngcài　蔬菜，青菜
vehicle: chē　　　车
very: hěn, fēicháng　　很，非常
video recorder: lùxiàngjī　录像机
village: cūnzhuāng, cūnzi　村庄，村子
vinegar: cù　　　醋
violent: měngliè　　猛烈
visa: qiānzhèng　　签证
visit: cānguān, fǎngwèn　参观，访问
visitor, guest: kèrén　　客人
vitamin: wéishēngsù　　维生素
vocabulary: cíhuì　　词汇
vodka: fútèjiā　　　伏特加
voice, sound: shēngyīn　声音
voltage: diànyā　　电压
volts: fútè　　　伏特
volume (book): běn, cè　本，册
volume (amount): tǐjī　体积
volunteer: zìyuàn　　自愿
vomit: tù　　　吐
vulgar: yōngsú　　庸俗

W

wait: děng 等
wake-up: xǐnglái 醒来
walk: zǒu, zǒulù 走，走路
wall: qiáng 墙
wallet: píjiā, qiánbāo 皮夹，钱包
want: yào 要
war: zhànzheng 战争
warm: nuǎnhuó 暖和
wash: xǐ 洗
waste: làngfèi 浪费
water: shuǐ 水
way, road: lù 路
we: wǒmén 我们
weak: ruò, bùjiēshi 弱，不结实
wealth: cáifù 财富
wear (clothing): chuān 穿
wear (hat, watch, jewelry):
   dài 戴
weather: tiānqì 天气
wedding: hūnlǐ 婚礼
Wednesday: Xīngqīsān 星期三
weed: zácǎo 杂草
week: xīngqī 星期
weigh: chēng, yāo 称，约
weight: zhòngliàng 重量
welcome: huānyíng, yíngjiē 欢迎，迎接
well (water, oil): jǐng 井
west: xī 西
western breakfast: xīshì 西式早饭
   zǎofàn
western food: xīcān 西餐
what: shénme 什么

wheat: màizi	麦子
wheel: lúnzi	轮子
when: shénme shíhòu	什么时候
where: nǎr	那儿
whether or not: shìfǒu, búlùn, wúlùn	是否，不论，无论
which kind: něizhǒng, nǎ yàng	哪种，哪样
which: něi, nǎ	哪，哪
while, during: dāng...de shíhòu	当…的时候
whiskey: wēishìjì	威士忌
white: bái	白
who, whom: shuí, shéi	谁，谁
wholesale: pīfā	批发
why: wèishénme	为什么
wide: kuān	宽
wife (others): fūrén	夫人
wife (yours): qīzi	妻子
will (v.): jiāngyào	将要
will (n.): yìzhìlì	意志力
win: yíng	赢
wind: fēng	风
window: chuānghù	窗户
wine: pútáojiǔ	葡萄酒
winter: dōngtiān	冬天
wire: jīnshǔxiàn	金属线
wish: xīwàng, yuànwàng	希望，愿望
woman: nǔde, fùnǔ, nǔrén	女的，妇女，女人
wonderful: tèbiéhǎo	特别好
wood: mùtóu	木头
word: zì	字
work: gōngzuò, zuòshì	工作，做事

world, earth (planet): shìjiè,   世界，地球
  dìqiú
worry: zhāojí   着急
worse: gènghuài   更坏
worst: zuìhuài   最坏
worth: zhí   值
wristwatch: shǒubiǎo   手表
wrist: shǒuwàn   手腕
write: xiě   写
wrong: cuòlě, búduì   错了，不对

X

x-ray: x-guāng   X-光

Y

yard (measure): mǎ   码
yard (ground): yuànzi   院子
yawn: dǎhāqiàn   打哈欠
year: nián   年
yearly: měinián, niánnián   每年，年年
years of age: suì, nián   岁，年
yellow : huáng   黄
yes, that's right: duìlě   对了
yesterday : zuótiān   昨天
yet, still: hái   还
yield (n.): chǎnliàng   产量
yield (v.): ràng   让
yogurt: suānniúnǎi   酸牛奶
you (formal): nín   您
you (familiar): nǐ   你
young: niánqīng   年轻
your: nǐdě   你的

yourself: nǐzìjǐ　　　　　你自己
youth : qīngnián　　　　青年

Z

zero: líng　　　　　　　零
zipper: lāliàn　　　　　拉链
zone: huándài　　　　　环带
zoo: dòngwùyuán　　　动物园
zoology: dòngwùxué　　动物学

A

ài: love	爱
ǎi: short (height)	矮
àirén: wife (yours)	爱人
ān: peace	安
àn: press (v.)	按
ānjìng: silent, quiet	安静
ànmó: massage	按摩
ānpái: arrange, arrangement	安排
ānquán: safe	安全
āsīpǐlín: aspirin	阿司匹林
āyí: aunty (unrelated, young)	阿姨

B

bā: eight	八
bàbà: dad, papa	爸爸
bǎi: hundred	百
bái: white	白
báicài: cabbage	白菜
bǎifēnzhǐ...: percent	百分之…
báilándì: brandy	白兰地
báitiān: daytime	白天
bǎiwàn: million	百万
bāléiwǔ: ballet	芭蕾舞
bān: move (v.t.)	搬
bān: class (school)	班
bànfǎ: method	办法
bàng: pound (weight)	磅
bàngōngshì: office	办公室
bāngzhù: help	帮助

bànlù dāchē: hitchhike 半路搭车
bànyè: midnight 半夜
bānyùngōng: porter 搬运工
bāo: bag 包
báo: thin 薄
bào: hold (embrace) 抱
bǎo: full (stomach) 饱
bàofēngyǔ: storm 暴风雨
bàogào: information, report 报告
bāoguǒ: package 包裹
bāohán: contain 包含
bǎohù: protect 保护
bǎoliú: keep 保留
bǎoxiǎn: insurance 保险
bāozā: bandage 包扎
bǎozhèng: guarantee 保证
bǎozhèngrén: guarantor 保证人
bàozhǐ: newspaper 报纸
bāozhuāng: pack (v.) 包装
bāshí: eighty 八十
běi: north 北
bēi(zǐ): cup 杯【子】
bēiāi: sad 悲哀
bēibāo: backpack 背包
bèidòng: passive 被动
bēijù: tragedy 悲剧
bēizǐ: glass (drinking) 杯子
bèn: stupid 笨
běn: volume (book) 本
bèndàn: stupid 笨蛋
běndìde: native 本地的
bēngdài: bandage (n.) 绷带
běnláide: original 本来的
bǐ: than 比

biān(r): side — 边【儿】

biǎndòu: bean (string bean) — 扁豆

biànhuà: change — 变化

biānjiè: boundary — 边界

biānzhì: organization — 编制

biǎo: wristwatch — 表

biǎoxiàn: show (v.) — 表现

biǎoyǎn: perform, performance — 表演

biāozhì: sign, indication — 标志

bié: do not — 别

biédě: another — 别的

bǐjiào: compare — 比较

bǐjiào hǎodě: better — 比较好的

bǐjìběn: notebook — 笔记本

bìmiǎn: avoid — 避免

bīng: ice — 冰

bìng: sick, sickness — 病

bǐnggān: cookies — 饼干

bīngjīlíng: ice-cream — 冰激凌

bìnglě: ill — 病了

bìngrén: patient (n.) — 病人

bīngshuǐ: ice water — 冰水

bīnguǎn: hotel — 宾馆

bīngxiāng: refrigerator — 冰箱

bìxū: must, necessary — 必须

búyào: do not — 不要

bìyè: graduate — 毕业

bízi: nose — 鼻子

bō: dial (telephone) — 播

bōcài: spinach — 菠菜

bōlí: glass (window) — 玻璃

bōluó: pineapple — 菠萝

bówùguǎn: museum — 博物馆

bózi: neck 脖子

bǔ: mend 补

bù: cloth 布

bù: no, not 不

búcuò: not bad 不错

búdào: less than 不到

búduì: wrong 不对

bùfá: step, pace 步伐

bùfèn: part, portion 部分

bùguǎn: anyway; forget it 不管

búguò: however 不过

bùhǎoyìsī: embarrassed 不好意思

bùjiēshi: weak 不结实

bùjiǔ: soon 不久

búlùn: whether or not 不论

bùmén: department 部门

búnàifán: impatient 不耐烦

bùshūfu: not well 不舒服

bùtóng, bùyíyàng: different 不同，不一样

bùtōngcháng: unusual 不通常

bùxǐhuān: dislike 不喜欢

bùzhǔn: prohibit 不准

bùzi: step (pace) 步子

C

cā: polish 擦

cài: dish (of food) 菜

càidān: menu 菜单

cáiféng: tailor (n.) 裁缝

cáifù: wealth 财富

càipǔ: cook book 菜谱

cāiyīcāi: take a guess 猜一猜

cānguǎn: restaurant 餐馆

cānguān: visit 参观

cāngyíng: fly (insect) 苍蝇

cānjīn: napkin 餐巾

cānkǎo: reference 参考

cāochǎng: playground 操场

cǎoyào: herb 草药

céngjīng: once 曾经

cèsuǒ: toilet 厕所

chá: tea 茶

chábēi: teacup 茶杯

chàbùduō: almost, nearly 差不多

cháhú: teapot 茶壶

chǎn: yield (n.) 产

cháng: long 长

chángcháng: frequently, often 常常

chángduǎn: length 长短

chǎngfáng: factory building 厂房

chànggē: sing a song 唱歌

chánghuán: refund 偿还

chángkù: pants 长裤

chángshòu: longlife 长寿

chángtúdiànhuà: longdistance phone call 长途电话

chángzi: intestines 肠子

chǎnpǐn: product 产品

chǎo: noisy, loud 吵

chǎo: fry, stir fry 炒

cháodài: dynasty 朝代

chǎojià: quarrel 吵架

cháoshī: humid, wet 潮湿

Cháoxiǎn: Korea 朝鲜

cháoxiàng: toward (direction) 朝向

Cháoxiǎnwén: Korean language   朝鲜文

chāzuò: outlet (electric)   插座

chāxiāo: plug (electric)   插销

chāzi: fork   叉子

chě: tear, rip   扯

chē: vehicle   车

chéng: multiply   乘

chéngzhèn: town   城镇

chēng: weigh   称

chénggōng: succeed   成功

chénghuángsè: orange (color)   橙黄色

chéngjiù: achieve, achievement   成就

chéngkè: passenger   乘客

chénglǐ: in town   城里

chéngmǎn: fill   盛满

chéngshí: honest   诚实

chéngshì: city   城市

chéngyǔ: proverb   成语

chéngyuán: member, tour members   成员

chènshān: shirt   衬衫

chī: eat   吃

chǐdù: measurement   尺度

chōng: rush (v.)   冲

chǒngàiwù: domestic pet   宠爱物

chōngfèndě: thorough   充分的

chóngfù: repeat   重复

chóngzi: bug, insect   虫子

chǒu: ugly   丑

chōuyān: smoke a cigarette   抽烟

chuán: boat   船

chuāndài: wear 穿戴
chuáng: bed 床
chuángdān: bed sheet 床单
chuānghù: window 窗户
chuānglián: curtain 窗帘
chuàngzào: create 创造
chuàngzàoxìngde: creative 创造性的
chuāngzi: window 窗子
chùchù: everywhere 处处
chūfā: start out 出发
chúfáng: kitchen 厨房
chūhàn: sweat (v.) 出汗
chuī: to blow 吹
chuízi: hammer 锤子
chūkǒu: exit, export 出口
chūlái: come out 出来
chūntiān: spring (season) 春天
chūqù: go out 出去
chūshēng: born 出生
chúshī: cook, chef 厨师
chūxí: attend 出席
chūzūqìchē: taxi 出租汽车
cì: times, occasions 次
cíhuì: vocabulary 词汇
cìxù: order, sequence 次序
cízhí: resign 辞职
cóng: from 从
cōng: onion 葱
cóngméi: never 从没
cōngmíng: intelligent 聪明
cóngqián: past 从前
cù: vinegar 醋
cúnqián: deposit, save money 存钱

cūnzhuāng: village	村庄
cūnzi: village	村子
cuò: fault, mistake	错
cuòwù: mistake	错误
cūcāode: rough	粗糙的

D

dà: large, big	大
dǎ: hit (v.), fight	打
dǎdiànhuà: make phone call	打电话
dàgài: likely, probably	大概
dǎhāqiàn: yawn	打哈欠
dǎhūlǔ: snore	打呼噜
dài, dàilái: bring, carry, lead	带，带来
dàizi: tape (n.); belt	带子
dàibiǎo: representative	代表
dàifū: doctor	大夫
dàilǐrén: agent	代理人
dàitì: substitute	代替
dàiyù: treatment	待遇
dàizǒu: take away	带走
dàjiā: everybody	大家
dǎkāi: open	打开
dàlù: continent	大陆
dàlù: main road	大路
dàmā: aunty (unrelated, old)	大妈
dàmǔzhǐ: thumb	大拇指
dànbái: egg white	蛋白
dāndú: alone	单独
dāng...de shíhòu: while, during	当…的时候
dàngāo: cake	蛋糕
dāngrán: certainly, of course	当然

dānyīdě: single, only 　单一的
dànshì: although, but 　但是
dānwèi: unit, workplace 　单位
dānxīn: concern, worry 　担心
dǎo: island 　岛
dào: pour 　倒
dào: to 　到
dàodá: arrive 　到达
dǎogào: pray 　祷告
dàoli: reason 　道理
dàoqiàn: apologize 　道歉
dàozéi: thief 　盗贼
dāozi: knife 　刀子
dǎpēntì: sneeze 　打喷嚏
dǎqiú: play (ball) 　打球
dàrén: adult 　大人
dàshēng: loud 　大声
dàshǐ: ambassador 　大使
dàshǐguǎn: embassy 　大使馆
dǎsuàn: plan (v.) 　打算
dàtuǐ: thigh 　大腿
dàxiā: prawn 　大虾
dàxiǎo: size 　大小
dàxióngmāo: panda (great) 　大熊猫
dàxīyáng: Atlantic Ocean 　大西洋
dàxué: college, university 　大学
dàyě: uncle 　大爷
dàyī: coat, overcoat 　大衣
dāying: promise (v.) 　答应
dǎzhàng: be at war 　打仗
dǎzhēn: injection 　打针
dǎzì: type (v.) 　打字
dédào: obtain 　得到
Déguó: Germany 　德国

dēng: light, lamp	灯
děng: wait	等
...děngděng: etc. (et cetera)	...等等
dēngjìtái: registration desk	登记台
dēngpào: light bulb	灯泡
Déwén: German language	德文
dī: low	低
dì: ground	地
diàn: electric	电
diàn: store	店
diànbào: telegram	电报
diǎncài: order food	点菜
diāndǎo: reverse	颠倒
diànfànguǒ: rice cooker	电饭锅
diànhuà: telephone (n.)	电话
diànhuàxiàn: telephone line	电话线
diànshàn: electric fan	电扇
diànshì: television	电视
diàntī: elevator	电梯
diǎnxīn: pastries, hors d'oeuvres	点心
diǎnxíngdè: typical	典型的
diànyā: voltage	电压
diànyǐng: film (movies)	电影
diǎnzhōng: o'clock	点钟
diào: drop	掉
diàochá: investigate, research	调查
dìbā: eighth	第八
dìbǎn: floor	地板
dǐdá: reach	抵达
dìdi: brother (younger)	弟弟
dìdiǎn: location	地点
diējiāo: fall (v.)	跌跤

dièr: second　第二
dìfāng: location, place　地方
dìjiǔ: ninth　第九
dìlǐ: geography　地理
dìngqīdě: regular, scheduled　定期的
dīngzi: nail　钉子
dìngzuò: reservation　订座
dìngzuò: custom made　定做
dìqiú: earth　地球
díquè: indeed　的确
dírén: enemy　敌人
dìsān: third　第三
dìshí: tenth　第十
dìshíjiǔ: nineteenth　第十九
dìsì: fourth　第四
dìtǎn: carpet　地毯
dìtú: map　地图
diū: lose　丢
diūliǎn: lose face　丢脸
dìxià: on the floor　地下
dǐxià: bottom　底下
dìyī: first　第一
dìzhèn: earthquake　地震
dìzhǐ: address　地址
dòng: move (v.i.)　动
dòng: hole　洞
dòng: freeze　冻
dōng: east　东
dǒng: understand　懂
Dōngfāng: Orient　东方
dōngtiān: winter　冬天
dòngwù: animal　动物
dòngwùxué: zoology　动物学
dòngwùyuán: zoo　动物园

dōngxi: objects, things 东西
dōu: all, both 都
dòu: bean 豆
dòufǔ: bean curd 豆腐
dòuliú: stay (v.) 逗留
dòuyá: bean sprout 豆芽
dù: degree 度
duǎn: short (length) 短
duǎnwàiyī: jacket, coat 短外衣
duǎnyǔ: phrase 短语
duì: toward, right, correct 对
duìbùqǐ: excuse me, sorry 对不起
duìhuàn: cash (v.) 兑换
duìlě: yes, that's right 对了
duìmiàn: opposite side 对面
duō: more, plus 多
duǒbì: hide 躲避
duōdà: how old (are you)? 多大
duōshǎo: how much? how many? 多少
duōyòng chāxiāo: adaptor plug 多用插销
duōyuǎn: how far? 多远
dùzi: abdomen 肚子

E

é: goose 鹅
è: hungry 饿
è: jaw 颚
Éguó: Russian 俄国
èr: two 二
ěrduō: ear 耳朵
Èryuè: February 二月

érzi: son 儿子

éwài: extra 额外

Éwén: Russian language 俄文

F

fá: punish 罚

Fǎguó: France 法国

fǎlǜ: law 法律

fāmíng: invent 发明

fàn: meal; boiled rice 饭

fǎnduì: object (v.) 反对

fàng: set (v.), put 放

fāng: square 方

fángdōng: landlord 房东

fāngfǎ: method 方法

fánghào: room number 房号

fàngjià: vacation 放假

fángjiān: room 房间

fàngqì: quit 放弃

fànguǎn: restaurant 饭馆

fǎngwèn: visit 访问

fàngxià: put down 放下

fǎngzhīpǐn: textile 纺织品

fángzi: building, house 房子

fánnǎo: annoying, troublesome 烦恼

fàntīng: dining room 饭厅

fānyì: translate, interpreter 翻译

fāpiào: receipt 发票

fāshāo: fever 发烧

fāshēng: happen, occur 发生

Fǎwén: French language 法文

fāxiàn: discover 发现

fǎxuéjiā: lawyer	法学家
fāyīn: pronunciation	发音
fāzhǎn: develop	发展
fèi: lung	肺
fēi: fly (v.)	飞
féi: fat	肥
fēicháng: very	非常
fèihuà: nonsense, rubbish	废话
fēijī: airplane	飞机
fēijīchǎng: airport	飞机场
fèiwù: garbage	废物
fēixíng: flight (n.)	飞行
féizào: soap	肥皂
Fēizhōu: Africa	非洲
fēn: cent; minute	分
fén: tomb	坟
fēnchéng: divide	分成
féng: sew	缝
fēng: wind	风
fènghuáng: phoenix	凤凰
fēngjiàn shèhuì: feudal society	封建社会
fēngjǐng: scenery	风景
fēngkuángde: mad (crazy)	疯狂的
fēnglì: sharp	锋利
fènglí: pineapple	凤梨
fēngshōu: harvest (good)	丰收
fēngsú: social customs	风俗
fěnhóng: pink	粉红
fēnjī: extension	分机
fēnkāi: separate	分开
fēnpèi: share, distribute	分配
fēnxī: analyze	分析
Fó: Buddha	佛

Fójiào: Buddhism	佛教
fúcóng: obey	服从
fùdě: rich	富的
fúhào: sign, symbol	符号
fùmǔ: parents	父母
fùnǚ: woman	妇女
fùqián: pay (v.)	付钱
fùqīn: father	父亲
fūrén: wife (others)	夫人
fútè: volts	伏特
fútèjiā: vodka	伏特加
fúwù: serve	服务
fúwùyuán: attendant, waiter	服务员
fùxí: review	复习
fùyìn: copy (v.)	复印
fùyuán: recover	复原

G

gāi: ought to	该
gǎibiàn: change (v.t.)	改变
gǎiliáng: improve	改良
gānbēi: "bottoms up"	干杯
gànbù: cadre	干部
gǎndào: to feel, to sense	感到
gān: dry	干
gānérzi: god son	干儿子
gǎng: port	港
gāng: steel	钢
gāngbǐ: pen	钢笔
gǎngbì: Hong Kong dollar	港币
gānggāng: just	刚刚
gāngqín: piano	钢琴
gānjìng: clean	干净

gǎnjué: feeling	感觉
gǎnmào: catch a cold	感冒
gānnǚér: goddaughter	干女儿
gǎnqíng: feelings, emotions	感情
gānzàng: liver	肝脏
gānzào: dry (weather)	干燥
gāo: high, tall	高
gāodiǎn: desserts	糕点
gàosù: inform, tell	告诉
gāoxìng: glad, happy	高兴
gē(r): song	歌【儿】
gēbǒ: arm	胳膊
gēgě: brother (older)	哥哥
gěi: give	给
gējù: opera	歌剧
gékāi: separate	隔开
gémìng: revolution	革命
gēn: and, with	跟
gēng: thick soup	羹
gènghǎo: better	更好
gènghuài: worse	更坏
gēnsuí: follow	跟随
gèrén: individual	个人
gèxìng: personality, character	个性
gōngchǎng: plant, factory	工厂
gōngchǐ: meter (39")	公尺
gōngfu: leisure (time)	工夫
gōngfu: martial arts	功夫
gōnggòng: public	公共
gōnggòng qìchē: bus	公共汽车
gōngjīn: kilogram	公斤
gōngjù: tool	工具
gōngkè: homework	功课

gōnglǐ: kilometer 公里
gōnglù: highway 公路
gōngpíng: fair, just 公平
gōngqǐng: hectare 公顷
gōngshēng: liter 公升
gōngsī: company 公司
gōngwù: official 公务
gōngyè: industry 工业
gōngyìměishù: arts and crafts 工艺美术
gōngyù: apartment 公寓
gōngyuán: park (n.) 公园
gongzhèng: justice, fairness 公证
gōngzī: salary, wages 工资
gōngzuò: job, work 工作
gòu: enough 够
gǒu: dog 狗
gù: employ 雇
guāfēng: blowing wind 刮风
guāhúdāo: razor 刮胡刀
guāhúzi: shave 刮胡子
guǎiwān: turn 拐弯
guǎn: hall 馆
guān: turn off, close 关
guānchá: observe 观察
guǎnggào: advertisement 广告
guānghuádè: smooth 光滑的
guǎnlǐ: manage 管理
guānshàng: turn off 关上
guānxi: relationship 关系
guǎnxiá: govern 管辖
guǎnxiányuèduì: orchestra 管弦乐队
guānxīn: care, concern 关心
guànyòngyǔ: idiom 惯用语

guānyú: about, regarding 关于
guānzhòng: spectator 观众
guànzǐ: jar 罐子
gùdìng: fixed, regular 固定
gūdú: lonely 孤独
guì: expensive 贵
guǐ: ghost 鬼
guīdìng: prescription 规定
guìtái: sales counter 柜台
guìzhòngde: precious 贵重的
gǔjī: historic site 古迹
gùkè: customer 顾客
gūmā: aunt (related) 姑妈
guó: nation 国
guò: to pass through 过
guójiā: country, nation 国家
guǒdòng: jelly 果冻
guójì: international 国际
guòmǐn: allergy 过敏
guòqù: past 过去
guǒrén: nut 果仁
guòshèng: surplus 过剩
guówài: abroad 国外
guówáng: king 国王
guǒzhī: fruit juice 果汁
gùshì: story 故事
gùtǐde: solid 固体的
gútóu: bone 骨头
gǔwù: grain 谷物
gǔwán: antique 古玩
gùyòng: hire 雇佣

H

hái: yet, still　　　　　还

hǎi: sea, ocean　　　　海

hǎigǎng: harbor　　　　海港

hǎiguān: customs (at border)　　　　海关

háishì: or; still　　　　还是

hǎiwān: bay　　　　海湾

hǎixiān: seafood　　　　海鲜

háizi: child　　　　孩子

háizimén: children　　　　孩子们

hāmìguā: honey melon　　　　哈密瓜

hǎn: call　　　　喊

hàn: sweat (n.)　　　　汗

háng: row (n.)　　　　行

hángkōng yóujiàn: air letter, airmail　　　　航空邮件

hànshān: undershirt, T-shirt　　　　汗衫

hànzì: Chinese characters　　　　汉字

hǎo: good, fine　　　　好

hào: number (cardinal)　　　　号

hǎobā: okay　　　　好吧

hǎochéngjiāo: bargain (n.)　　　　好成交

hǎochī: delicious　　　　好吃

hǎohāodě: properly　　　　好好地

hǎojǐgè: several　　　　好几个

hǎojílě: excellent　　　　好极了

hǎokàn: good looking, pretty　　　　好看

hàoqídě: be curious　　　　好奇的

hǎowánr: fun　　　　好玩儿

hǎoxiào: funny　　　　好笑

hē: drink　　　　喝

hé: and 和

hé: river 河

hégǔ: river valley 河谷

héhuǒrén: partner 合伙人

hēi: black 黑

hēiàn: dark 黑暗

hēibǎn: blackboard 黑板

hélǐde: reasonable 合理的

hèn: hate 恨

hěn: very 很

hěnduō: many, much, a lot 很多

hěnhuài: awful 很坏

hěnjiǔ: long time 很久

hěnxiàng: similar 很像

hépíng: peace 和平

héqì: amiable, kind 和气

hétóng: agreement, contract 合同

hézi: box 盒子

hézuò: cooperate 合作

hóngsè: red 红色

hòu: thick 厚

hòubiānr: back, behind 后边儿

hòujiǎogēn: heel 后脚跟

hòulái: afterwards 后来

hóulóng: throat 喉咙

hòumiàn: rear 后面

hòutóu: back, behind 后头

hú: lake 湖

huà: draw, paint 画

huā: flower 花

huàbào: pictorial 画报

huāfèi: spend 花费

huài: bad 坏

huàile: broken, out of order 坏了

huàjù: play (n.)   话剧

huàn: exchange   换

huándài: zone   环带

huángdì: emperor   皇帝

huángěi: give back   还给

huángguā: cucumber   黄瓜

huángsè: yellow   黄色

huángyóu: butter   黄油

huānyíng: welcome   欢迎

huāpíng: vase   花瓶

huāqián: spend money   花钱

huāshēng: peanut   花生

huáshì: fahrenheit   华氏

huāyuán: garden   花园

huì: know how to, be able to   会

huídá: answer, reply   回答

huī: gray   灰

huìjiàn: meet   会见

huílái: return   回来

huīfù: recover   恢复

huíqù: go back, return   回去

huīxié: humor   诙谐

huìyì: meeting (n.)   会议

hújiāofěn: ground pepper   胡椒粉

húluóbǒ: carrots   胡萝卜

hūnlǐ: wedding   婚礼

huǒ: fire   火

huò: merchandise   货

huó: live   活

huǒbàn: companion   伙伴

huǒchái: matches   火柴

huǒchē: train   火车

huǒchēzhàn: railway station   火车站

huòdān: invoice 货单
huòdé: gain (v.), 获得
huǒjī: turkey 火鸡
huǒbàn: pal 伙伴
huòshì: either 或是
huǒtuǐ: ham 火腿
hútòng: lane 胡同
hūxī: breathe 呼吸
hùxiāng: each other 互相
húzi: beard, mustache 胡子

J

jī: chicken 鸡
jǐ: how many? 几
jiā: add 加
jiā: home, family 家
jiǎ: false 假
jiāchù: house pet 家畜
jiājù: furniture 家具
jiān: to pan fry 煎
jiān: shoulder 肩
Jiānádà: Canada 加拿大
jiǎnchá: inspect, examine 检查
jiǎndāo: scissors 剪刀
jiānde: sharp 尖的
jiānduānde: most advanced 尖端的
jiāng: ginger 姜
jiāng: river 江
jiānglái: future 将来
jiāngyào: will do 将要
jiàngyóu: soy sauce 酱油
jiànkāng: healthy, health 健康
jiǎnqǐlái: to pick up 拣起来

jiǎnshǎo: reduce, lessen	减少
jiànyì: suggest	建议
jiānyù: jail, prison	监狱
jiànzào: build, construct	建造
jiànzhù: building	建筑
jiào: to call, named; to order	叫
jiáo: chew	嚼
jiǎo: foot	脚
jiāojuǎn: film (camera)	胶卷
jiāoliú: communicate, exchange	交流
jiāoqū: suburb	郊区
jiàoshì: classroom	教室
jiāotōng: traffic	交通
jiǎowànzi: ankle	脚腕子
jiàoxùn: lesson	教训
jiāoyìhuì: trade fair	交易会
jiàoyù: education	教育
jiàoyuán: teaching faculty	教员
jiǎozhítóu: toe	脚指头
jiǎozi: dumpling	饺子
jiàqī: vacation	假期
jiàqián: price	价钱
jiàrì: holiday	假日
jiāyòng: housekeeper	家佣
jiāyóuzhàn: gasoline station	加油站
jiàzhí: value	价值
jiǎzhuàngxiàn: thyroid	甲状腺
jiàzi: shelf	架子
jìbù...yòubù: neither...nor	既不…又不
jīchē: locomotive	机车
jīdàn: egg	鸡蛋
jìdé: remember	记得
jīdòng: excite	激动

jìdù: jealous	忌妒
jiè: borrow, lend	借
jiē: street	街
jiēchù: touch	接触
jiéguǒ: result	结果
jiéhé: union	结合
jiéhūn: marry	结婚
jiějiě: sister (older)	姐姐
jiějué: solve	解决
jiěmèishì: sister city	姐妹市
jiémù: program	节目
jièshào: introduce, recommend	介绍
jiěshì: explain	解释
jiéshù: to end, finish	结束
jiēwěn: kiss	接吻
jǐgè: how many? (less than 10)	几个
jìhuà: design, plan	计划
jīhuì: chance, opportunity	机会
jìjié: season	季节
jìlù: record	记录
jìmò: lonely	寂寞
jìn: near	近
jīn: catty (1/2 kilogram)	斤
jǐn: tight	紧
jìnbù: progress, progressive	进步
jǐng: well (water, oil)	井
jǐngchá: police	警察
jǐngchájú: police station	警察局
jīngguò: pass	经过
jīngjì: economics, economy	经济
jīnglǐ: manager	经理
jīnglì: experience	经历

jīngqí: amaze, surprise 惊奇

jǐngsè: scenery 景色

jǐngshén: spirit, mood 精神

jǐngtàilán: cloisonne 景泰蓝

jìngtóu: lens 镜头

jīngxià: scare 惊吓

jīngyàn: experience 经验

jìngzhēng: competition 竞争

jìngzi: mirror 镜子

jìniànpǐn: souvenir 纪念品

jǐnjí: urgent 紧急

jǐnjí shìjiàn: emergency 紧急事件

jìnlái: recently 近来

jìnrù: into, enter 进入

jīnshǔ: metal 金属

jīnshǔxiàn: wire 金属线

jīntiān: today 今天

jǐnzhāng: nervous 紧张

jìnzhǐ: prohibit 禁止

jīnzi: gold 金子

jīqì: machine 机器

jìrán: since, because 既然

jīròu: muscle 肌肉

jíshídě: instant 及时的

jìshù: technique 技术

jìsuàn: calculate 计算

jìsuànqì: calculator 计算器

jǐsuì: how old are you? 几岁

jiùshēng: save a life 救生

jiǔ: nine 九

jiù: old, used 旧

jiùhùchē: ambulance 救护车

Jiùjīnshān: San Francisco 旧金山

jiǔlèi: liquor 酒类

jiùmā: aunt (related) 舅妈
jiǔshí: ninety 九十
jiùyào: immediately 就要
Jiǔyuè: September 九月
jīxiè: mechanical 机械
jìxìn: mail a letter 寄信
jìxù: proceed 继续
jìzhù: memorize 记住
jú: bureau 局
jùchǎng: theater 剧场
juédě: to feel, think that 觉得
juédìng: decide 决定
jùfēng: hurricane 飓风
jùjué: reject 拒绝
jùlèbù: club (group) 俱乐部
jùlí: distance 距离
jūnduì: army 军队
jūnrén: soldier 军人
jūnshì: military 军事
júsè: orange color 桔色
jùyǒu: possess 具有
jùyuàn: theater 剧院
jùzi: sentence 句子
júzishuǐ: orange juice 橘子水

K

kāfēi: coffee 咖啡
kāfēisè: brown color 咖啡色
kāichē: drive a car 开车
kāifàng: to open up; liberal 开放
kāihuì: meeting 开会
kāishǐ: begin, start 开始
kāishuǐ: hot boiled water 开水

kàngshēngsù: antibiotic   抗生素
kànkàn: take a look   看看
kàn (shū): read   看【书】
kǎo: bake, roast (v.)   烤
kǎogǔxué: archeology   考古学
kǎogǔxuéjiā: archeologist   考古学家
kǎomiànbāo: toast   烤面包
kǎoshì: examination, test   考试
kè: class, lesson   课
kě: thirsty   渴
kè: quarter hour   刻
kěài: cute   可爱
kěbēide: sad   可悲的
kèchéng: course (school)   课程
kèfú: overcome   克服
kěkào: reliable, responsible   可靠
kěnéng: maybe, possible   可能
kěpà: frightening, horrible   可怕
kèqi: polite   客气
kèrén: visitor, guest   客人
kěshì: however, but   可是
kètīng: living room   客厅
kèwén: text   课文
kěxiào: funny   可笑
kēxué: science   科学
kěyǐ: may, can   可以
kōng: empty, vacant   空
kòngbái: empty   空白
kònggào: sue   控告
kōngjiān: space   空间
kōngqì: air   空气
kǒu: mouth   口
kǒudài: pocket   口袋
kǒugān: thirsty   口干

kǒuxiāngtáng: chewing gum   口香糖

kǔ: bitter   苦

kū: cry   哭

kuài: fast, quick   快

kuài: piece   块

kuàilè: happiness, joy, pleasure   快乐

kuàizi: chopsticks   筷子

kuān: wide   宽

kuàngquánshuǐ: mineral water   矿泉水

kǔnbǎng: tie (v.)   捆绑

kūnchóng: insect   昆虫

kǔnqǐlái: tie up   捆起来

kùzi: trousers, pants   裤子

L

là: hot (spicy)   辣

lā: pull   拉

lādùzi: diarrhea   拉肚子

lái: come   来

láidào: arrive   来到

lājī tǒng: garbage can   垃圾桶

lājī: rubbish   垃圾

làjiāo: pepper (chili)   辣椒

lāliàn: zipper   拉链

lán: blue   兰

lǎn: lazy   懒

làngfèi: to waste   浪费

lánqiú: basketball   篮球

lǎo: old   老

lǎobǎn: boss   老板

láogōng: laborer   劳工

láolì: labor power 劳力

lǎoshī: teacher 老师

lǎoshǔ: rat 老鼠

lèguān: optimism 乐观

lèi: tired 累

léi: thunder 雷

lěng kāishuǐ: cool boiled water 冷开水

lěng: cold 冷

lěngpán: hors d'oeuvres, cold platter 冷盘

lěngqìjī: air conditioner 冷气机

lǐ: in 里

lí: pear 梨

liǎn: face 脸

liáng: measure (v.) 量

liǎng: two 两

liángkuài: cool 凉快

liánjiē: join 联结

liànxí: exercise, practice 练习

lǎoliàndè: experienced 老练的

Lǐbàitiān: Sunday 礼拜天

Lǐbàiwǔ: Friday 礼拜五

Lǐbàiyī: Monday 礼拜一

lǐbiānr: inside 里边儿

lièjiǔ: hard liquors 烈酒

lǐfà diàn: beauty shop 理发店

lǐfà: haircut 理发

lǐfàguǎn: barber shop 理发馆

lìhǎi: strong; tough 厉害

líhūn: divorce 离婚

líkāi: leave, go away 离开

lìkè: immediately 立刻

lìliàng: strength 力量

lǐmào: manners   礼貌
líng: bell   铃
lǐng: lead   领
líng: tomb   陵
líng: zero   零
lǐngdài: neck tie   领带
lǐngdǎo: leader   领导
lǐngshìguǎn: consulate   领事馆
lǐngxiù: leader (of country)   领袖
línjū: neighbor   邻居
lìqì: strength   力气
lìshǐ: history   历史
lǐtáng: auditorium   礼堂
lǐtóu: inside   里头
liù: six   六
liúlì: fluent   流利
liùshí: sixty   六十
liúxíng: popular, fashionable   流行
liúxíngxìng gǎnmào: flu   流行性感冒
lǐwù: gift, present   礼物
lǐxiǎng: ideal   理想
lìyì: advantage   利益
lǐyóu: reason, argument   理由
líyǔ: slang   俚语
lìzhī: lichee   荔枝
lìzi: example   例子
lóng: dragon   龙
lóushàng: upstairs   楼上
lóu: building   楼
lóutī: stairs   楼梯
lóuxià: downstairs   楼下
lù: deer   鹿
lù: way, road   路
lǜ: green   绿

lùdì: land (n.)   陆地
lǚguǎn: hotel   旅馆
lúnzi: wheel   轮子
luóbo: turnip   萝卜
luójì: logic   逻辑
luósīdāo: screwdriver   螺丝刀
lùxiàngjī: video tape
     recorder   录像机
lǚxíng zhīpiào: traveler's
     check   旅行支票
lǚxíng: journey, travel   旅行
lǚxíngshè: travel agency   旅行社
lǚxíngtuán: tour group   旅行团
lùyīndài: cassette tape   录音带
lǚyóuzhě: traveller   旅游者
lúzi: stove; oven   炉子

M

mǎ: horse   马
mǎ: yard (measure)   码
máfán: trouble   麻烦
mǎi: buy   买
mài: sell   卖
mài: step (v.)   迈
màibó: pulse   脉搏
mǎidōngxi: shopping   买东西
mǎimài: business   买卖
màizi: wheat   麦子
mǎlíngshǔ: potato   马铃薯
māmā: mother   妈妈
màn: slow   慢
máng: busy   忙
mǎnle: full   满了

mànmàndě: slowly	慢慢的
mántóu: steamed roll	馒头
mǎnyì: satisfied	满意
mànyìdiǎnr: slower	慢一点儿
máo: hair (body)	毛
māo: cat	猫
máojīn: towel	毛巾
máotǎn: blanket	毛毯
màoxiǎn: risk	冒险
máoyī: sweater	毛衣
màozi: hat	帽子
méi: no, not	没
měi: each	每
Měiguó: the United States of America	美国
Měiguórén: American	美国人
měilì: beautiful	美丽
mèimei: sister (younger)	妹妹
měinián: yearly	每年
méirén: nobody, no one	没人
měitiān: daily	每天
měiyīgě: every, each	每一个
méiyǒu: has not; there is not	没有
méiyǒuyìsì: uninteresting; meaningless	没有意思
méiyǒuyòng: useless	没有用
měiyuán: dollar (US)	美元
mén: door, gate	门
mèng: dream	梦
měngliè: violent	猛烈
ménkǒu: doorway	门口
mǐ: meter (39"); rice	米
miàntiáo: noodle	面条

mián'ǎo: Chinese padded jacket 棉袄

miànbāo: bread 面包

miànbāochē: minibus 面包车

miànfěn: flour 面粉

miànjī: area 面积

miányáng: lamb 绵羊

miáopǔ: nursery 苗圃

mǐfàn: rice 米饭

mìmì: secret 秘密

mǐngǎn: sensitive 敏感

míngliàng: bright 明亮

míngpiàn: calling card 名片

míngtiān: tomorrow 明天

míngxiā: prawn 明虾

míngxìnpiàn: postcard 明信片

míngyì: name; nominal 名义

míngzì: name 名字

mínzú: ethnic group, nationality 民族

mírén: seductive, captivating 迷人

mìshū: secretary 秘书

míxìn: superstition 迷信

mō: touch 摸

módēng: modern 摩登

mófàn: pattern 横范

mógū: mushroom (white) 蘑菇

mǒudì: somewhere 某地

mǒuyīgè: some one 某一个

móxíng: model 模型

mù: tomb 墓

mùbiāo: goal 目标

mùcái: timber 木材

mùdì: purpose (aim) 目的
mǔqīn: mother 母亲
mùtóu: wood 木头

N

ná: take hold of, get 拿
nǎ: which 哪
nà: that 那
nǎi: milk 奶
nǎimā: nurse 奶妈
nǎinǎi: grandmother 奶奶
nàixīn: patient 耐心
nàlǐ: there 那里
nán: difficult, hard 难
nán: south 南
nán: male 男
nánháizi: boy 男孩子
Nánjízhōu: Antarctica 南极洲
nánkàn: ugly 难看
nǎozi: brain 脑子
nǎr: where 哪儿
nàr: there 那儿
nàxiē: those 那些
nǎyàng: which kind 哪样
názǒu: take away 拿走
nèi: inner 内
něi: which 哪
nèi: that 那
nèiróng: contents 内容
něizhǒng: which kind 哪种
néng: able 能
néngliàng: energy 能量
ní: mud 泥

nǐ: you (familiar)	你
nián: year, years	年
niàn: read aloud	念
niánjì: age	年纪
niánnián: yearly	年年
niánqīng: young	年轻
niǎo: bird	鸟
niào: urine	尿
nǐdè: your	你的
nǐhǎo: hello	你好
nǐméndè: yours	你们的
nín: you (formal)	您
níngkě: prefer, rather	宁可
níngméng: lemon	柠檬
niú: cow	牛
niǔkòu: button	纽扣
niúnǎi: milk	牛奶
niúròu: beef	牛肉
niúyóu: butter	牛油
nǐzìjǐ: yourself	你自己
nóngchǎng: farm	农场
nònghuài: break (v.)	弄坏
nóngmín: peasant	农民
nóngyè: agriculture	农业
nòngzhí: straighten	弄直
nǚ: female	女
nuǎnhuó: warm	暖和
nuǎnshuǐpíng: thermos	暖水瓶
nuánqìjī: heater	暖气机
nǚdè: woman	女的
nǚ'ér: daughter	女儿
nǚguówáng: queen	女国王
nǚháir: girl	女孩【儿】
nǚháizi: girl	女孩子

nǔlì: effort 努力

nuòyán: promise (n.) 诺言

nǚshì: Miss, lady (Ms. Mrs.) 女士

O

ǒu: lotus root 藕

ǒuxiàng: idol 偶像

Ōuzhōu: Europe 欧洲

P

pá: climb 爬

pà: fear, afraid 怕

páizi: sign, tag; brandname 牌子

pàng: fat 胖

pángbiānr: beside 旁边【儿】

pángxiè: crab 螃蟹

pánzi: plate 盘子

pǎo: run 跑

pàocài: pickled food 泡菜

péitóng: accompany, guide 陪同

pèng: knock, bump, touch 碰

péngyǒu: friend 朋友

pénjǐng: bonsai 盆景

pēnshèjī: jet plane 喷射机

piányì: inexpensive, cheap 便宜

piào: ticket 票

piàoliàng: beautiful, pretty 漂亮

píbāo: bag (leather) 皮包

pídài: belt (leather) 皮带

pīfā: wholesale 批发

pífū: skin 皮肤

píjiā: wallet 皮夹

píjiǔ: beer 啤酒
píjuàn: tired 疲倦
pǐncháng: taste 品尝
píng: flat, even 平
píng: bottle 瓶
píngděng: equal 平等
píngguǒ: apple 苹果
pīngpāngqiú: pingpong 乒乓球
píngxìn: mail (regular mail) 平信
pīpíng: criticize 批评
píqì: temper 脾气
pīzhǔn: approve 批准
pòlě: broken 破了
pútáojiǔ: wine 葡萄酒
pǔtōng: ordinary 普通

qī: seven 七
qí: ride (bicycle, horse) 骑
qián: money 钱
qiǎn: shallow 浅
qiánbāo: purse 钱包
qiānbǐ: pencil 铅笔
qiánbiān: front 前边
qiāng: gun 枪
qiáng: wall 墙
qiángzhuàng: strong 强壮
qiántóu: front 前头
qiànzhài: owe 欠债
qiānzhèng: visa 签证
qiāo: knock 敲
qiáo: bridge 桥
qiāodǎ: pound (v.) 敲打

qiǎokèlì: chocolate   巧克力
qìchēzhàn: bus stop   汽车站
qiē: cut   切
qièqǔ: steal   窃取
qiézi: eggplant   茄子
qǐfēi: take off (airplane)   起飞
qíguài: strange   奇怪
qìxiè: utensils, instruments   器械
qìjù: appliance   器具
qǐlái: get up, arise   起来
qīng: lightweight   轻
qǐng: please   请
qīngcài: vegetable   青菜
qīngchǔ: clear   清楚
qǐngjìn: please come in   请进
qǐngkè: to invite   请客
qīngnián: youth   青年
qīngsōng: relax, rest   轻松
qǐngzàishuō: please repeat   请再说
   that
qīnmìdě: intimate   亲密的
qīnqì: relative   亲戚
qióng: poor   穷
qīpiàn: cheat   欺骗
qīqì: lacquerware   漆器
qìqiú: balloon   气球
qīshí: seventy   七十
qìshuǐ: soda pop   汽水
qiú: ball   球
qiúpāi: racket (tennis)   球拍
qiūtiān: autumn   秋天
qìyóu: gasoline   汽油
qìyóuzhàn: service station   汽油站
qízhì: flag   旗帜

qù: go 去
quánbù: everything 全部
quánjǐng: panorama 全景
quèqièdè: exactly 确切的
quēshǎo: lack 缺少
quèshí: really 确实
quēxí: absent 缺席
qúnzhòng: masses, crowd 群众
qúnzi: skirt 裙子
qǔxiāo: cancel, delete 取消

R

ràng: let 让
ránhòu: then 然后
rè: hot (temperature) 热
rèlì: heat 热力
rèliàng: heat 热量
rén: man, person 人
rēng: throw 扔
réngé: personality 人格
rènhé: any 任何
rénkǒu: population 人口
rénlèi: humankind 人类
rénlèixué: anthropology 人类学
rénmén: people 人们
rénmín: people 人民
rěnnài: tolerate 忍耐
rènshi: know 认识
rèqìjī: heater 热气机
Rìběn: Japan 日本
Rìběnrén: Japanese person 日本人
Rìyuán: Japanese money 日元
rìchū: sunrise 日出

rìlì: calendar	日历
rìluò: sunset	日落
Rìwén: Japanese language	日文
rìzi: date	日子
róngqì: container	容器
róngxìng: honored	荣幸
róngyì: easy, simple	容易
ròu: flesh, meat	肉
ruǎn: soft	软
rúcǐ: so, in this way	如此
rúguǒ: if	如果
rúhé: how	如何
rùkǒu: entrance	入口

S

sān: three	三
sànbù: stroll	散步
sānjiǎoxíng: triangle	三角形
sānmíngzhì: sandwich	三明治
sānshí: thirty	三十
Sānyuè: March	三月
sèlā: salad	色拉
sēnlín: forest	森林
shā: kill	杀
shǎ: silly, stupid	傻
shài: tan (v.)	晒
shān: mountain	山
shàng xué: go to school	上学
shāng: injury	伤
shàng: up	上
shàngbān: go to work	上班
shàngbiān(r): top	上边【儿】
shāngfēng: catch cold	伤风

shānghài: injure, hurt　伤害
shàngkè: begin class　上课
shāngpǐn: merchandise　商品
shāngrén: business person　商人
shàngsī: boss　上司
shàngsuǒ: lock (v.)　上锁
shàngtóu: top　上头
shāngǔ: valley　山谷
shàngwǔ: morning, forenoon　上午
shàngxīngqī: last week　上星期
shāngyè: trade (n.)　商业
shānshuǐ: landscape　山水
shānyáng: goat　山羊
shànzi: fan　扇子
shǎo: few, less　少
sháo: spoon　勺
shāojiāo: burn (v.)　烧焦
shé: snake　蛇
shèhuì: society　社会
shèhuìxué: sociology　社会学
shèhuìzhǔyì: socialism　社会主义
shéi: who, whom　谁
shēn: deep　深
shěng: province　省
shēngchǎn: production　生产
shēnghuó: life　生活
shēngmìng: life　生命
shěnpàn: judge (v.)　审判
shēngqì: mad (angry)　生气
shēngrì: birthday　生日
shēngwùxué: biology　生物学
shèngxià: left over,
　remainder　剩下
shēngyīn: voice, sound　声音

shéngzi: line, rope, string 绳子

shénjīng: nerve 神经

shénjīngbìng: crazy 神经病

shénjīngdè: nervous 神经的

shénmě shìqíng?: What's the matter? 什么事情

shénmě dìfāng: where 什么地方

shénmě shíhòu: when 什么时候

shénmě: what 什么

shēnqǐng: application, apply for 申请

shēnsèdè: dark 深色的

shěnshèn: aunt (related) 婶婶

shēnsuōxìng: flexible 伸缩性

shēntǐ: body 身体

shèshì: centigrade 摄氏

shēchǐpǐn: luxury 奢侈品

shétòu: tongue 舌头

shì: to be 是

shí: ten 十

shíbā: eighteen 十八

shībài: fail 失败

shìbīng: soldier 士兵

shìbúshì: whether or not 是不是

shìchǎng: market 市场

shìdāngdè: properly 适当的

shīdè: humid 湿的

shìdè: right, yes 是的

shíér: twelve 十二

shìfàn: demonstrate, show 示范

shígāo: plaster 石膏

shìgù: accident 事故

shìhé: compatible 适合

shíhòu: time 时候

shìjì: century   世纪
shíjiàn: practice (n.)   实践
shíjié: occasion   时节
shìjiè: world, earth (planet)   世界
shíjiǔ: nineteen   十九
shíliù: sixteen   十六
shímáo: fashionable   时髦
shípǐn diàn: grocery store   食品店
shíqī: seventeen   十七
shìqíng: affair (business)   事情
shísān: thirteen   十三
shìshìkàn: try   试试看
shísì: fourteen   十四
shítóu: rock, stone   石头
shíwàn: hundred thousand   十万
shīwàng: disappoint   失望
shíwù: food   食物
shìyàn: experiment   试验
shìyànshì: laboratory   试验室
shíyī: eleven   十一
shìyīshì: try   试一试
Shíyīyuè: November   十一月
Shíyuè: October   十月
shìzi: persimmon   柿子
shōu: harvest (v.)   收
shǒu: hand   手
shòu: lean, thin   瘦
shǒubì: arm   手臂
shǒubiǎo: wristwatch   手表
shōudào: receive   收到
shǒudū: capital city   首都
shǒugōngyìpǐn: handicrafts   手工艺品
shòuhuòyuán: salesperson   售货员
shōují: collect   收集

shōujù: receipt 收据

shǒupà: handkerchief 手帕

shōurù: income 收入

shòushāng: be injured, hurt 受伤

shǒushù: operation 手术

shǒutào: glove 手套

shǒuwàn: wrist 手腕

shǒuxù: procedure 手续

shōuyīnjī: radio 收音机

shǒuzhǐ: finger 手指

shū: book 书

shù: tree 树

shú: ripe 熟

shuāngbāotāi: twins 双胞胎

shuāngqīn: parents 双亲

shuāngrénfángjiān: double room 双人房间

shuāzi: brush 刷子

shūcài: vegetables 蔬菜

shūdiàn: bookstore 书店

shūfáng: study room 书房

shūfú: comfortable 舒服

shuí: who, whom 谁

shuǐ: water 水

shuì: tax 税

shuǐguǒ: fruit 水果

shuǐguǒzhī: fruit juice 水果汁

shuǐhú: kettle 水壶

shuǐjiǎo: boiled dumpling 水饺

shuìjiào: sleep 睡觉

shúliànde: skilled, experienced 熟练的

shùliàng: quantity 数量

shùlín: forest 树林

shùmù: number (ordinal)	数目
shùmù: trees	树木
shuō: say, said	说
shuōhuà: speak	说话
shūrù: import	输入
shūshǔ: uncle (younger)	叔叔
shùxué: mathematics	数学
shùyè: leaf	树叶
shǔyú: belong, of (written)	属于
shūzhuō: desk	书桌
shūzi: comb	梳子
sì: four	四
sījī: driver	司机
sīlì: private	私立
sīchóu: silk	丝绸
sīréndè: private	私人的
sìshí: forty	四十
sīyǒu: private possession	私有
Sìyuè: April	四月
sòng: send	送
sònggěi: to give, present	送给
suān huángguā: dill pickle	酸黄瓜
suàn: garlic	蒜
suān: sour	酸
suànmìng: fortune teller	算命
suānniúnǎi: yogurt	酸牛奶
sùdù: speed	速度
suì: age	岁
suìdào: tunnel	隧道
suíbiàn: do as you wish	随便
suírán: although	虽然
Sūlián: Soviet Union	苏联
sǔn: bamboo shoot	笋
sūnnǚér: granddaughter	孙女【儿】

sūnzi: grandson　孙子
suǒ: lock　锁
suǒyǐ: therefore, so　所以
suǒyǒu: all　所有
suǒyǒuderén: everybody　所有的人
suǒyǒuzhě: owner　所有者
sùshè: dormitory　宿舍

T

tā: it　它
tā: he, him　他
tā: she, her　她
tāde: his　他的
tāde: hers　她的
tái: lift (v.)　抬
tài: too much, very　太
tàidú: attitude　态度
táijiē: stairs　台阶
Tàipíngyáng: Pacific Ocean　太平洋
tàitai: Mrs.　太太
tàiyáng: sun　太阳
tāmen: they, them　他们
tāmende: their　他们的
táng (biǎo) jiěmèi: female cousins　堂【表】姐妹
táng (biǎo) xiōngdì: male cousins　堂【表】兄弟
táng: candy, sugar　糖
tāng: soup　汤
tángcùyú: sweet and sour fish　糖醋鱼
tángjiàn: preserved fruit, dried fruit　糖饯

tàngshāng: burn (n.) 烫伤
tǎngxià: lie down 躺下
tánhuà: talk 谈话
tántǎn: talk together 谈谈
tànxiǎn: explore 探险
táo: peach 桃
tǎohǎo: to curry favor 讨好
tǎolùn: discuss 讨论
tèbié: special 特别
tèbiéhǎo: wonderful 特别好
tèdiǎn: characteristic 特点
téng: pain 疼
téngtòng: sore 疼痛
tī: kick 踢
tiān: day; sky 天
tián: sweet 甜
tiāncái: talent, genius 天才
tiānqì: weather 天气
tiánsuān: sweet and sour 甜酸
tiāntiān: daily 天天
tiào: jump 跳
tiàowǔ: dance (v.) 跳舞
tiāoxuǎn: choose, select 挑选
tiě: iron 铁
tiělù: railway 铁路
tǐjī: volume (amount) 体积
tīng: hear, listen 听
tíng: stop 停
tíngchē: stop or park an 停车
　automobile
tīngshuō: heard 听说
tíngzhǐ: stop 停止
tīngzhòng: audience 听众
tǐyù: sports 体育

tǐyùguǎn: gymnasium, stadium	体育馆
tōngcháng: usual	通常
tōngguò: pass through; to pass (a resolution)	通过
tòngkǔ: pain, suffering	痛苦
tóngxué: classmate	同学
tóngyì: agree	同意
tǒngyī: unity, unify	统一
tǒngyīdè: identical	统一的
tōngzhī: inform	通知
tóu: head	头
tōu: steal	偷
tóufǎ: hair (head)	头发
tóuténg: headache	头疼
tǔ: dirt (soil), earth	土
tù: vomit	吐
tú: picture, chart	图
tuán: group, regiment	团
tuántǐ: group (n.)	团体
tuánzhǎng: group leader	团长
tǔdì: land	土地
tǔdòu: potato	土豆
túhuà: picture	图画
tuǐ: leg	腿
tuī: push	推
tuīxiāoyuán: salesperson	推销员
tūrán: suddenly	突然
tǔrǎng: soil, earth	土壤
túshūguǎn: library	图书馆
túzhāng: seal (chop)	图章
tùzǐ: rabbit	兔子

W

wàiguódě: foreign	外国的
wàiguórén: foreigner	外国人
wàitào: jacket, coat	外套
wājué: dig	挖掘
wǎn: bowl	碗
wǎn: late	晚
wǎnfàn: dinner, supper	晚饭
wǎng: toward	往
wàngjì: forget	忘记
wànglě: forgot	忘了
wǎngqián: forward	往前
wǎngqiúchǎng: tennis court	网球场
wǎngqiú: tennis	网球
wángùdě: stubborn	顽固的
wánjù: toy	玩具
wánlě: finished	完了
wánměidě: perfect	完美的
wánquán: completely	完全
wánr: play (v.)	玩儿
wǎnshàng: night, evening	晚上
wànsuì: longlife	万岁
wàzi: socks	袜子
wéi: hello (on the telephone)	喂
wéi: surround	围
wèi: stomach	胃
wèi: smell (n.)	味
wěibā: tail	尾巴
wěidà: great	伟大
wèidào: flavor, taste, odor	味道
wèilě: for	为了
wéishēngsù: vitamin	维生素
wèishēngzhǐ: toilet paper	卫生纸

wèishénmě: why 为什么

wēishìjì: whiskey 威士忌

wèiténg: stomach pain 胃疼

wēixiǎn: dangerous 危险

wēixiào: smile 微笑

wèizhì: position (place) 位置

wèn: ask 问

wén: smell (v.) 闻

wēndù: temperature 温度

wēndùbiǎo: thermometer 温度表

wénhuà: culture 文化

wèntí: question, problem 问题

wénwù: artifact 文物

wénxué: literature 文学

wényìjiā: artists 文艺家

wénzi: mosquito 蚊子

wǒ: I, me 我

wǒdě: my,mine 我的

wǒmén: we, us 我们

wǒméndě: our 我们的

wòshì: bedroom 卧室

wòshǒu: shake hands 握手

wǒzìjǐ: myself 我自己

wù: fog 雾

wǔ: five 五

wǔdǎo: dance (n.) 舞蹈

wǔfàn: lunch 午饭

wūgūi: tortoise 乌龟

wúlùn: whether 无论

wúrén: unoccupied (toilet) 无人

wūrǔ: insult 污辱

wǔshù: martial arts 武术

wǔyè: midnight 午夜

wúyìyì: meaningless 无意义

Wǔyuè: May　　五月
wùzhì: physical matter　　物质
wúzhīdě: ignorant　　无知的

X

X-guāng: x-ray　　X-光
xī: knee　　膝
xǐ: wash　　洗
xī: west　　西
xià: down, get off　　下
xià'è: jaw　　下颚
xiàbiān: under, bottom　　下边
xiàjí: inferior　　下级
xiàkè: end class　　下课
xiàmiàn: below　　下面
xiàn: county　　县
xiǎnshì: show　　显示
xiàn: thread (n.)　　线
xiāng: fragrant　　香
xiǎng: think　　想
xiàng: resemble　　象
xiāngcūn: rural　　乡村
xiāngdāng: quite, rather　　相当
xiàngdǎo: guide　　向导
xiǎngfǎ: idea, opinon, viewpoint　　想法
xiāngfǎn: opposite　　相反
xiānggū: mushroom (black)　　香菇
xiāngjiāo: banana　　香蕉
xiāngliào: spice　　香料
xiàngpiān: photo (snapshot)　　相片
xiǎngshòu: enjoy　　享受
xiāngshuǐ: perfume　　香水

xiāngxià: countryside 乡下
xiāngxìn: believe, trust 相信
xiāngyān: cigarette 香烟
xiàngzhēng: symbol 象征
xiāngzi: suitcase 箱子
xiānjìn: advanced 先进
xiànqián: cash (n.) 现钱
xiānshēng: Mr.; teacher 先生
xiàntiáo: line (mark) 线条
xiànzài: now 现在
xiǎo: little (small) 小
xiào: laugh 笑
xiàoguǒ: effect, result 效果
xiǎoháir: child 小孩【儿】
xiàohuà: joke 笑话
xiāojí: negative, passive 消极
xiǎojiě: Miss, young lady 小姐
xiǎokǎo: quiz (n.) 小考
xiàolǜ: efficiency 效率
xiǎolù: path 小路
xiǎomàibù: shop (n.) 小卖部
xiǎoqìchē: car 小汽车
xiǎoshān: hill 小山
xiǎoshí: hour 小时
xiǎoshuō: fiction, novel, 小说
  short story
xiāoxì: news, message 消息
xiǎoxiā: shrimp 小虾
xiǎoxiàng: lane 小巷
xiǎoxīn: careful 小心
xiǎoxióngmāo: panda 小熊猫
  ("lesser")
xiǎoxué: school (elementary) 小学
xiǎoyáng: lamb (sheep) 小羊

xiàoyǒu: schoolmate 校友

xiàozhǎng: school principal 校长

xiàtiān: summer 夏天

xiàtōu: bottom 下头

xiàwǔ: afternoon 下午

xiàxīngqī: next week 下星期

xiàxuě: snowing 下雪

xiàyīgè: next 下一个

xiàyǔ: rain (v.) 下雨

xiázhǎi: narrow 狭窄

xiàzhènyǔ: shower (v.) 下阵雨

Xībānyá: Spain 西班牙

Xībānyáwén: Spanish 西班牙文
   language

xīcài: western food 西菜

xīcān: western food 西餐

xìcháng: slender 细长

xīchénqì: vacuum cleaner 吸尘器

xiě: write 写

xièdù: diarrhea 泻肚

xiéhuì: institute 协会

xièxiě: thanks 谢谢

xiézi: shoe 鞋子

xīfàn: rice gruel 稀饭

xīfú: suit (of clothes) 西服

xīgài: knee 膝盖

xīguā: water melon 西瓜

xíguàn: custom, habit, to be 习惯
   used to

xīhóngshì: tomato 西红柿

xǐhuān: like (v.) 喜欢

xīn: heart 心

xīn: new 新

xìn: letter 信

xìnfēng: envelope 信封

xìng: surname 姓

xīng: star 星

xìngbié: sex (gender) 性别

xíngdòng: action 行动

xìngfú: happiness 幸福

xìnggé: character 性格

xǐnglái: wake up 醒来

xínglǐ tuōyùndān: baggage 行李托运单
  check

xínglǐ: baggage, luggage 行李

xìngmíng: name 姓名

xīngqī: week 星期

Xīngqīèr: Tuesday 星期二

Xīngqīliù: Saturday 星期六

xìngqíng: temper 性情

Xīngqīrì: Sunday 星期日

Xīngqīsān: Wednesday 星期三

Xīngqīsì: Thursday 星期四

Xīngqīwǔ: Friday 星期五

Xīngqīyī: Monday 星期一

xíngróng: describe 形容

xíngwéi: behavior 行为

xìngyùndě: lucky 幸运的

xíngzhuàng: shape (n.) 形状

xīnlǐdě: mental 心理的

xīnlǐxué: psychology 心理学

xīnqíng: mood 心情

xīnshuǐ: salary 薪水

xīnwén: news 新闻

xìnxī: message 信息

xīnxiān: fresh 新鲜

xìnxīn: confidence 信心

xióng: bear 熊

xióngdě: male (animal)　　雄的
xiōngkǒu: chest　　胸口
xīshìzǎofàn: western breakfast　　西式早饭
xìtǒng: system　　系统
xiūchǐ: shame　　羞耻
xiūlǐ: repair　　修理
xiūxi: nap, rest, relax　　休息
xiūxìshì: lounge, waiting room　　休息室
xīwàng: hope, wish　　希望
xīyān: smoke a cigarette　　吸烟
xǐyīdiàn: laundry　　洗衣店
xǐzǎojiān: bathroom　　洗澡间
xǐzhàopiān: develop film　　洗照片
xīzhuāng: suit (of clothes)　　西装
xuán: hang　　悬
xuǎn: choose (things)　　选
xuāngào: announce　　宣告
xuě: blood　　血
xué: learn, study　　学
xuě: snow　　雪
xuéshēng: student　　学生
xuéxí: study　　学习
xuéxiào: school　　学校
xuéyuàn: institute　　学院
xuézhě: scholar　　学者
xǔkě: permission　　许可
xùnwèn: inquire　　询问
xúnzhǎo: seek　　寻找
xūyào: need, require　　需要

Y

yáchǐ: teeth, tooth — 牙齿

yágāo: tooth paste — 牙膏

yàn: boring — 厌

yán: salt — 盐

yándòng: caves — 岩洞

yǎnlèi: tears (crying) — 眼泪

yǎng: itch — 痒

yáng: sheep — 羊

yàng: type — 样

yáng: sea, ocean — 洋

yàngpǐn: sample — 样品

yǎngqì: oxygen — 氧气

yàngzi: pattern, kind, style — 样子

yànhuì: banquet — 宴会

yānhuīgāng: ash tray — 烟灰缸

yǎnjìng: glasses (eye) — 眼镜

yǎnjīng: eye — 眼睛

yánsè: color — 颜色

yǎnshuō: speech — 演说

yānwù: smoke, smog — 烟雾

yǎnyuán: actor/actress — 演员

yánzhòng: serious — 严重

yāo: weigh — 约

yǎo: bite — 咬

yào: medicine, drug — 药

yào: want — 要

yàodiàn: drug store — 药店

yàofáng: pharmacy — 药房

yàojǐn: urgent — 要紧

yāoqǐng: invite — 邀请

yàoshi: key — 钥匙

yàoshì: if — 要是

yàowán: pill 药丸

yāpò: oppress 压迫

yáqiān: toothpick 牙签

yáshuā: toothbrush 牙刷

yáténg: toothache 牙疼

Yàzhōu: Asia 亚洲

yāzi: duck 鸭子

yě: too, also 也

yěcān: picnic 野餐

yèli: nighttime 夜里

yètǐ: liquid 液体

yěxǔ: maybe, perhaps 也许

yéyè: grandfather 爷爷

yèzi: leaf 叶子

yīwàn: ten thousand 一万

yī: one, a, an 一

yībǎi: one hundred 一百

yībàn: half 一半

yībù yībù: step by step 一步一步

yīcì: once 一次

Yìdàlì: Italy 意大利

Yìdàlìwén: Italian language 意大利文

yīdiǎnr: a little 一点儿

yīdìng: definitely, certainly 一定

yīfú: shirt 衣服

yīfújià: clothes hanger 衣服架

yígòng: altogether 一共

yǐhòu: after, later 以后

yīhuìr: awhile, shortly 一会儿

yìjià: bargain (v.) 议价

yìjiàn: information, opinion 意见

yǐjīng: already 已经

yíjūrùjìng: immigrate 移居入境

yīkuàir: together 一块儿

yīlǎnbiǎo: schedule (n.)	一览表
yīlián: successive	一连
yímā: aunt (related)	姨妈
yīn: cloudy, overcast	阴
yín: silver	银
Yìndù: India	印度
yìng: hard (not soft)	硬
yíng: win	赢
yīngdāng: ought to	应当
yīng'ér: baby	婴儿
yīnggāi: should	应该
Yīngguó: England	英国
yíngjiē: greet, welcome	迎接
yínglì: gain (n.)	盈利
yīnglǐ: mile	英里
yǐngpiān: film, movies	影片
yǐngxiǎng: influence, affect	影响
yǐngzi: shadow	影子
yínháng: bank	银行
yīnlì: lunar calendar	阴历
yīnqínhàokè: hospitality	殷勤好客
yīnwéi: because	因为
yīnyuè: music	音乐
yīqǐ: together	一起
yǐqián: before, in the past	以前
yīqiān: thousand	一千
yīqiè: all	一切
yīqún: a group (of people, animals, etc.)	一群
yīshēng: medical doctor	医生
yìshù: art	艺术
yìshùjiā: artist	艺术家
yìsi: idea, meaning	意思
yìwài: unexpected, accident	意外

yǐwéi: think, believe that	以为
Yìwén: Italian language	意文
yìwù: obligation, duty	义务
yìxiē: some	一些
yíyàng: alike, same	一样
yìyì: meaning	意义
yīyuàn: hospital	医院
yìzhí: straight	一直
yìzhìlì: will (n.)	意志力
yǐzi: chair	椅子
yòng: use	用
yōngbào: hug	拥抱
yǒngbù: never	永不
yòngjù: utensil	用具
yōngsú: vulgar	庸俗
yǒngyuǎn: forever	永远
yǒu: to have	有
yòu: again, also	又
yóu: oil (cooking)	油
yòubiān: right side	右边
yòuéryuán: nursery	幼儿园
yǒuguānxì: be relevant, related	有关系
yóujiàn: mail (n.)	邮件
yǒujiàzhí: valuable	有价值
yóujú: post office	邮局
yóulǎn: sightseeing	游览
yǒulì: powerful, effective	有力
yǒulǐmào: polite	有礼貌
yǒumíng: famous	有名
yóupiào: postage stamp	邮票
yóuqī: paint	油漆
yǒuqián: rich	有钱
yǒurén: occupied (toilet)	有人

yǒushí: sometimes 有时
yòushǒu: right hand 右手
yóuxì: game 游戏
yǒuyí: friendship 友谊
yǒuyīgèrén: someone 有一个人
yǒuyìsī: interesting 有意思
yǒuyìtiān: someday 有一天
yǒuyìyì: meaningful 有意义
yǒuyòng: useful 有用
yóuyǒng: swim 游泳
yòuzhì: innocent 幼稚
yóuzī: postage (cost) 邮资
yǒuzīgé: qualified 有资格
yú: fish 鱼
yǔ: rain 雨
yuǎn: far 远
yuándě: round 圆的
yuànwàng: wish (n.) 愿望
yuánlái: original 原来
yuánliàng: forgive 原谅
yuánquān: circle 圆圈
yuánzhūbǐ: ballpoint pen 圆珠笔
yuànzi: courtyard, yard 院子
yùbèi: prepare 预备
yùdìng: reserve 预订
yuè: month 月
yuēhuì: appointment, date 约会
yuèliàng: moon 月亮
yǔfǎ: grammar 语法
yúkuài: joy, pleasure 愉快
yùlè: entertainment 娱乐
yùmǐ: corn 玉米
yùndòng: sports 运动
yùndòngchǎng: athletic field 运动场

yùnhuòqìchē: truck 运货汽车

yùnshū: transport 运输

yǔnxǔ: allow 允许

yǔsǎn: umbrella 雨伞

yùshì: bathroom 浴室

yǔyán: language 语言

yǔzhòudě: universal 宇宙的

Z

zácǎo: weed 杂草

zài...shàngbiān: upon 在…上边

zài...shàngmiàn: above 在…上面

zài...yǐqián: before 在…以前

zài...zhījiān: between 在…之间

zài...zhīshàng: over 在…之上

zài: in, at, on 在

zài: again 再

zàijiàn: goodbye 再见

zájì: acrobats 杂技

zāng: dirty 脏

zǎo: early, good morning 早

zǎofàn: breakfast 早饭

zǎoshàng: morning 早上

zázhì: magazine 杂志

zéguài: blame 责怪

zēngjiā: increase 增加

zěnměyàng: how is it? 怎么样

zérèn: responsibility 责任

zhá: to deep fry 炸

zhàn: station 站

zhǎng: grow 长

zhāng: sheet (measure for paper) 张

zhàngdān: bill	帐单
zhàngfū: husband	丈夫
zhànghù: account (n.)	帐户
zhāngkāi: open (v.i.)	张开
zhǎnlǎn: exhibition	展览
zhànlì: stand	站立
zhànlǐng: occupation	占领
zhǎnshí: temporary	暂时
zhǎo: look for	找
zhǎodào: find	找到
zhāojí: anxious, worry	着急
zhàopiān: photo	照片
zhàoxiàng: photograph (v.)	照相
zhàoxiàngjī: camera	照相机
zhè: it	这
zhège: this	这个
zhéhé: equivalent to	折合
zhèlǐ: here	这里
zhēn: needle	针
zhēndè: true, real	真的
zhēng: steam (v.)	蒸
zhèngcè: policy	政策
zhèngfǔ: government	政府
zhěnggèdè: entire	整个的
zhěngjiù: save (things)	拯救
zhèngjù: proof	证据
zhèngmíng: prove; proof	证明
zhēngqì: steam (n.)	蒸气
zhèngzhí: integrity	正直
zhèngzhì: politics	政治
zhèngzhuàng: symptom	症状
zhēnjiū: acupuncture	针灸
zhēnlǐ: truth	真理
zhēnshí: true, sincere	真实

zhěntóu: pillow 枕头
zhèr: here 这儿
zhèxiē: these 这些
zhéxué: philosophy 哲学
zhèyàng: so 这样
zhī: juice 汁
zhī: of 之
zhí: re-plant, transplant 植
zhǐ: paper 纸
zhí: worth 值
zhīchí: support 支持
zhīdào: know (v.) 知道
zhídào: until 直到
zhídě: straight 直的
zuìhòu: final 最后
zhìliàng: quality 质量
zhǐlìng: instruction 指令
zhínǚ: niece 侄女
zhīpiào: check (n.) 支票
zhīshìfènzǐ: intellectuals, 知识分子
   educated people
zhíwù: plant (n.) 植物
zhìyù: heal 治愈
zhìyuànzhě: volunteer 志愿者
zhìzào: manufacture 制造
zhízǐ: nephew 侄子
zhǒng: kind, type 种
zhòng: heavy 重
zhòng: grow 种
zhōng: clock 钟
zhōng: middle 中
Zhōngcān: Chinese food 中餐
zhōngchéngdě: loyal 忠诚的
zhōngfàn: lunch 中饭

zhōnggào: advice, advise　　忠告

Zhōngguó: China　　中国

zhōngjiānr: middle　　中间【儿】

zhǒnglèi: kind, type, species　　种类

zhòngliàng: weight　　重量

zhōngtóu: hour　　钟头

Zhōngwén: Chinese language　　中文

zhōngwǔ: noon　　中午

zhōngxīn: central　　中心

zhōngxué: high school　　中学

zhòngyào: important　　重要

zhōngyào: Chinese medicine　　中药

zhōngyú: finally　　终于

zhǒngzǐ: seed　　种子

zhōu: state　　州

zhǔ: boil, cook　　煮

zhú: bamboo　　竹

zhù: live, reside　　住

zhū: pig　　猪

zhuā: grasp　　抓

zhuǎn: extension　　转

zhuàn: earn　　赚

zhuǎnwān: turn (v.)　　转弯

zhuāng: put on　　装

zhuāngyán: magnificent　　庄严

zhuāngyùn: pack and ship　　装运

zhuānjiā: expert　　专家

zhuānlì: patent　　专利

zhuāzhù: catch　　抓住

zhǔnbèi: prepare　　准备

zhǔnbèihǎolè: ready　　准备好了

zhǔnquè: exactly, accurate　　准确

zhuōzǐ: table　　桌子

zhǔrén: host, owner	主人
zhūròu: pork	猪肉
zhùshǒu: assistant	助手
zhǔyàodě: major, main	主要的
zhúyì: idea	主意
zì: word	字
zīběn: capital (money)	资本
zìdiǎn: dictionary	字典
zìjǐ: self	自己
zìjǐdě: own	自己的
zìmǔ: alphabet	字母
zìrán: nature, natural	自然
zìsī: selfish	自私
zìxíngchē: bicycle	自行车
zìyóu: freedom	自由
zīyuán: resource	资源
zìzhǔdě: independent	自主的
zǒngbù: headquarters	总部
zōnghèsè: tan color	棕褐色
zǒngjī: switchboard	总机
zōngjiào: religion	宗教
zōngsè: brown color	棕色
zǒngshì: always	总是
zǒngshù: sum	总数
zǒu: go, walk	走
zū: to rent	租
zuì: most	最
zuìdàdě: largest	最大的
zuìhǎo: best	最好
zuìhǎodě: best	最好的
zuìhòu yīgè: last	最后一个
zuìhòudě: last	最后的
zuìhuàidě: worst	最坏的
zuìjìn: recently; latest	最近

zūjīn: rent (n.)	租金
zǔmǔ: grandmother	祖母
zūnjìng: respect	尊敬
zuò yīfú: tailor (v.)	做衣服
zuò: do, make	做
zuǒ: left (side)	左
zuò: sit, ride (in, on)	坐
zuòchēdě: passenger	坐车的
zuògōng: work (v.)	做工
zuòguòlě: did	做过了
zuòjiā: author	作家
zuòshì: work (v.)	做事
zuótiān: yesterday	昨天
zuòwèi: seat (n.)	座位
zuǒyòu: approximately	左右
zúqiú: soccer, football	足球
zǔzhī: organize	组织

Categories

Human Body, Illness, Emergencies

abdomen	dùzi
abdominal pain	dùziténg
accident	shìgù, yìwài
acupuncture	zhēnjiŭ
allergy	guòmĭn
ambulance	jiùhùchē
ankle	huáigŭ
antibiotic	kàngshēngsù
arm	gēbó, shŏubì
aspirin	āsīpílín
back	bèi
bladder	pángguāng
blood	xiě, xuè
body	shēntĭ
bones	gŭtóu
breast	xiōng
breathe	hūxī
bruise, wound	shāngkŏu
burn	shāoshāng
buttocks	pìgŭ
chest	xiōngkŏu
chin	xiàbā
cold	gănmào

contagious	chuánrǎn
cough	késòu
diarrhea	xièdù, lādùzi
doctor	dàifū, yīshēng
ear	ěrduǒ
elbow	gēbòzhǒu
emergency room	jízhěnshì
eye	yǎnjīng
face	liǎn
feeling not well	bùshūfú
fever	fāshāo
finger	shǒuzhítòu
flu	gǎnmào
foot	jiǎo
forehead	qián'é
hair	máo, tóufà
hand	shǒu
head	tóu
headache	tóuténg
health	jiànkāng
heart	xīn
heel	jiǎogēn
help	bāngzhù
hip	túnbù
hospital	yīyuàn
illness	bìng
infection	fāyán
intestines	chángzi
itch	yǎng
jaw	è, xià'è
kidney	shèn
knee	xīgài
leg	tuǐ
lip	zuǐchún

liver	gān
lungs	fèi
medicine	yào
mouth	kǒu
muscle	jīròu
neck	bózi
nerves	shénjīng
nose	bízi
operation	shǒushù
pain	téng
pharmacy	yàodiàn
police	jǐngchá
prescription	yàofāng
pulse	màibó
rib	lèigǔ
shoulder	jiānbǎng
sick	bìng
skin	pífū
spine	jǐliánggǔ
stomach	wèi
symptom	zhèngzhuàng
thigh	dàtuǐ
throat	hóulóng
thumb	mǔzhǐ
toe	jiǎozhítóu
tongue	shétóu
tonsils	biǎntáoxiàn
toothache	yáténg
urine	niào
vein	xuěguǎn
wrist	shǒuwànzi
x-ray	X-guāng

Time and Space Relations

above (on top of)	shàngbiān(r), shàngtóu
after	yǐhòu
afternoon	xiàwǔ
back	hòubiān(r), hòutóu
before	yǐqián
below (bottom)	xiàbiān(r), xiàtóu
century	shìjì
day after tomorrow	hòutiān
day	tiān
day before yesterday	qiántiān
daytime	báitiān
east	dōng
evening	wǎnshàng
everyday	měitiān
Fall	qiūtiān
forenoon	shàngwǔ
front	qiánbiān(r), qiántóu
hour	zhōngtóu, xiǎoshí
inside	lǐbiān(r), lǐmiàn, lǐtóu
last week (month)	shànggě xīngqī (yuè)
last year	qùnián
left	zuǒ
minute	fēn, fēnzhōng
morning	zǎoshǎng
next year	míngnián
next week (month)	xiàgě xīngqī (yuè)
night	yèlǐ
noon	zhōngwǔ
north	běi
outside	wàibiān(r), wàitóu
right	yòu

season	jìjié
second (of time)	miǎo
side (next to)	pángbiān(r)
south	nán
Spring	chūntiān
straight ahead	yīzhí
Summer	xiàtiān
this year	jīnnián
this week (month)	zhèigè xīngqī (yuè)
time	shíjiān
today	jīntiān
tomorrow	míngtiān
west	xī
Winter	dōngtiān
yesterday	zuótiān

Counting

one	yī
two	èr
three	sān
four	sì
five	wǔ
six	liù
seven	qī
eight	bā
nine	jiǔ
ten	shí
zero	líng
11	shíyī
20	èrshí
21	èrshíyī

100	yībǎi
1,000	yīqiān
10,000	yīwàn
100,000	shíwàn
1,000,000	yībǎiwàn
10,000,000	yīqiānwàn
100,000,000	yīwànwàn (yī yì)
1,000,000,000	shíyì
first, second, etc.	dìyī, dìèr . . .
one quarter (tenth)	sì (shí) fēn zhī yī
ten percent	bǎi fēn zhī shí
five cents	wǔ fēn qián
ten cents	yī máo qián
one dollar	yī kuài qián
US$34.76	sānshísì kuài qīmáoliù Měijīn
RMB¥13.08	shísān kuài líng bā fēn Rénmínbì

Useful Phrases and Sentences

How are you?	Nǐ hǎo?
I'm fine.	Hǎo or Hěn hǎo.
Good morning.	Zǎo.
What is your surname.	Nǐ guì xìng?
What is your first name.	Nǐ jiào shénme míngzi?
My name is_____.	Wǒ xìng (jiào)_____.
Welcome (glad to see you)!	Huānyíng huānyíng!
Please come in.	Qǐng jìn.
Please sit down.	Qǐng zuò.
May I ask_____.	Qǐng wèn_____.
Goodbye.	Zàijiàn.
See you tomorrow.	Míngtiān jiàn.
Thank you.	Xièxiě nǐ.
(in reply to compliment)	Nǎli, nǎli.
You're welcome.	Bú xiè or bú kèqi.
What is this?	Zhè shì shénme?
What is this called?	Zhèige jiào shénme?
How much does this cost?	Zhèige duōshǎo qián?
Do you have_____?	_____yǒu méiyǒu?
Do you speak English (Chinese)?	Nǐ huì shuō Yīngwén (Zhōngwén) må?
I can, a little.	Huì yīdiǎn(r).
Do you understand?	Nǐ dǒng bù dǒng?
I don't understand.	Wǒ bù dǒng.
What nationality are you?	Nǐ shì něiguó rén?

I am American (British).	Wǒ shì Měiguó (Yīngguó) rén.
Excuse me. I'm sorry.	Duì bù qǐ.
What does this mean?	Zhè shì shénme yìsi?
Where is_____?	_____zài nǎr?
I want to go to_____.	Wǒ yào qù_____.
Let's go.	Wǒmén zǒu bǎ.
Wait a minute.	Děng yī děng. (Děng yīxià)
I am pleased to meet you.	Jiàndào nǐ hěn gāoxìng.
Please speak more slowly.	Qǐng nǐ shuō màn yīdiǎn(r).
Please repeat once more.	Qǐng nǐ zài shuō yíbiàn.
Where are you going?	Nǐ dào nǎr qù?
Where are you?	Nǐ zài nǎr?
I'm lost.	Wǒ mílù lé.
I don't like this.	Wǒ bù xǐhuān zhège.
Can you help me?	Nǐ kěyǐ bāngmáng mǎ?
Where do I pay?	Zài nǎr gěi qián?
Please give me a receipt.	Qǐng gěi wǒ shōujù.
We're hungry.	Wǒmén è lé.
I'm full (eaten enough).	Chī bǎo lé.
The food is good.	Hěn hǎo chī.
What time is it?	Jǐ diǎnzhōng lé?
How is the weather?	Tiānqì zěnme yàng?
I need to see a doctor.	Wǒ yào kàn yīshēng.
As you wish. It's up to you.	Suíbiàn nǐ.
I want to change money.	Wǒ yào huàn qián.
I don't know.	Wǒ bù zhīdào.
Which do you want?	Nǐ yào něi gě?
Which kind do you want?	Nǐ yào něi zhǒng?
Good health!	Zhù nǐ jiànkāng!
Bottoms up!	Gānbēi!
Please write it down.	Qǐng xiěxià lái.

Hurry up.	Kuài yīdiǎn(r).
I want a room.	Wǒ yào yīgè fángzi.
What time does it open?	Jǐdiǎn kāimén?
Where's the toilet?	Cèsuǒ zài nǎr?
Where's the bathroom?	Xǐzǎojiān zài nǎr?
May I take a picture?	Wǒ kěyǐ zhàoxiàng mǎ?
Have a safe trip.	Yīlù píng'ān.